Andrea Kaltenböck · Liebe Lisa

Andrea Kaltenböck

Liebe Lisa

Briefe einer Mutter
an ihr totes Baby

Mit einem Beitrag
von
Monika Kornfehl

Die Deutsche Bibliothek – CIP-Einheitsaufnahme

Kaltenböck, Andrea:
Liebe Lisa : Briefe einer Mutter an ihr totes Baby / Andrea Kaltenböck. Mit einem Beitr. von Monika Kornfehl. - Linz : Fram-Verl., 2001
 ISBN 3-901957-12-X

© fram Verlag Linz; alle Rechte, insbesondere das Recht der Verbreitung, auch durch Film, Fernsehen, fotomechanische Wiedergabe, Bild- oder Tonträger jeder Art, Internet oder auszugsweiser Nachdruck vorbehalten

1. Auflage (2001)
Umschlaggestaltung: Ingrid Zuckerstätter, Wilhering
Druck: Copyright, Linz

ISBN 3-901957-12-X

Prim. Dr. Werner Gerstl
Kinder- und Jugendpsychiater

Vorwort

In diesem Roman in Briefform setzt Andrea Kaltenböck ihre unverformte, individuelle Sprache ein und wird dadurch glaubwürdig. Die tragische Wirklichkeit in Form einer gerafften, dramenhaften Darstellung erzeugt Mitgefühl und Solidarität.

Die Autorin verfolgt den Weg vom unheilvollen Traum bis zur grausamen Erfüllung und der unvollkommenen Erlösung aus der Trauerarbeit präzise und auf das Wesentliche beschränkt. Nie kommt es zum Abgleiten in überbetonte Leid-Schmerz-Äußerungen. Zwischen den Zeilen können die aufmerksamen LeserInnen auch das Imaginäre, dem wir ausgesetzt sind, erkennen und deuten; ja, es wäre fast möglich, Inhalte eines Märchens im Stile von „Dornröschen" zu analysieren.

Die Autorin deckt dabei schonungslos ihr durch den frühen Tod von Lisa persönlich erfahrenes, zeitloses Leid auf und bringt offen und sehr mutig die physische und psychische Verletzbarkeit unseres Daseins insgesamt zum Ausdruck. So leitet das Buch vom individuellen Leid über in Bewältigungsstrategien gegenüber der kollektiven Verpflichtung,

Leid zu dulden und als Sinn des „Werdens" zu begreifen. Die Auseinandersetzung, Abrechnung und Wiederannäherung an Gott als unerbittliche Macht zu geben und zu nehmen behandelt die Sinnfrage unseres Lebens. Ehrlich und offen werden Persönlichkeitsmerkmale, Rollenbilder, Konfliktregelung im System der Familie und Einbindung in das Alltägliche verflochten.

Das Buch kann – als eines von wenigen Werken – mit dieser selektiven Thematik betroffenen Eltern Kraft spenden. ÄrztInnen und HelferInnen, die mit der Erschütterung von Angehörigen konfrontiert sind, kann dieses Buch auch einen Einblick in die oft unerklärlichen Verhaltensmuster und Reaktionen geben. Der Inhalt dieses Buches erscheint tiefenpsychologisch bedeutsam und verrät eine tief verinnerlichte Reife des Menschen, die in einer zunehmend kommunikationsarmen Gesellschaft so wichtig ist.

Lisa wird geboren und stirbt – überall auf der Welt in jeder Sekunde. Und dennoch ist es nur der physische Tod, das will die Autorin durch die Erkenntnis im Wiedererstarken ihrer Lebenskräfte unter Annahme professioneller Hilfe mitteilen.

Wir reifen im Leid und gerade deshalb lebt Lisa weiter. Das ist die Botschaft.

Liebe Lisa,

mein Kind, mein Herz, mein Sonnenschein.

Ich muss an dich schreiben, ich muss dir erzählen, was war und was ist. Neun Jahre nach deinem Tod ist die Zeit reif, bin ich reif genug für diese Briefe an dich.

Briefe ohne Briefgeheimnis, denn sie sollen auch helfen: Vielleicht können sie trösten, vielleicht anderen Eltern den Weg aus der Verzweiflung weisen.

Ganz egal, wo du jetzt bist, ich fühle, du bist einverstanden.

Du warst nur so kurze Zeit bei uns, daher möchte ich dir von uns, von deiner Familie erzählen – wie wir sind und wer wir sind. Wärst du älter geworden, du hättest sicherlich nach vielem gefragt. Aber da du uns mit neun Monaten schon verlassen hast, werde ich ungefragt erzählen.

Tief drinnen in meinem Herzen kann ich fühlen, dass du entweder alles weißt oder alles nicht mehr wichtig ist für dich, denn du bist ja im Himmel. Bist du auch wirklich noch dort?

Du hast unser Leben so tief berührt, du hast es verändert, auf immer. Jedes Kind ist etwas Besonderes, du auch – oder du noch mehr? Durch dich haben wir das größte Leid erfahren, aber auch so viel Glück.

Ich werde dir erzählen von den Tatsachen, von meinen Gefühlen, von deinem Papa, deinen Geschwistern, deiner Oma, die dich so geliebt hat, und von deiner Urgroßmutter, die uralt und gebrechlich an deinem Grab stand und die nicht wusste, warum der Herrgott nicht sie, die alte Dame, sondern dich süßes Baby zu sich geholt hatte.

Viele Briefe werden es sein, die ich an dich schreiben will, und es wird weh tun, alles nochmals zu erleben, aber es hat seinen Sinn und deshalb wird es gut sein.

Ich hab dich lieb.

                Deine Mama

Hallo Mäuschen!

Heute werde ich dir erzählen, was es mit deinen Eltern so auf sich hat.

Als dein Papa und ich uns kennen lernten, waren wir beide sehr jung und gingen noch zur Schule. Wir waren jung, verliebt und die Zukunft lag rosarot vor uns. Wir lernten, gingen tanzen, halfen uns gegenseitig beim Führerschein –das Leben war aufregend und schön.

Nachdem wir beide unsere Schulausbildung abgeschlossen hatten, begann ich als Lehrerin zu arbeiten. Papa hatte noch keine allzu genauen Vorstellungen von einer möglichen Studienrichtung und so versuchte er kurz entschlossen einen Job in einer großen Firma zu ergattern, die ihm die Möglichkeit bot im Ausland zu arbeiten.

Dein Vater war immer schon ein bisschen ein Abenteurer; Neues und Spannendes kam ihm gerade recht. Arbeit hat er auch noch nie gescheut und bald nachdem er diese Anstellung bekommen hatte, wurde er schon nach Jordanien auf eine große Baustelle geschickt.

Das war natürlich furchtbar für mich, denn ich konnte ja von zu Hause nicht weg, da ich unterrichtete. Ich sehnte mich ganz furchtbar nach ihm.

Ein halbes Jahr sollte er wegbleiben und mir kam es wie eine Ewigkeit vor. Weißt du, wenn man so jung ist, entwickelt man sich schnell weiter, jeder Mensch auf seine Art.

Und ein verliebtes Paar, das so lange getrennt ist, entwickelt sich nicht zwangsläufig in die gleiche Richtung. Na ja, was soll ich dir sagen, als er wieder in der Heimat war, verstanden wir uns nur mehr halb so gut wie vorher.

So war das halt ein Hin und Her. Wieder ein halbes Jahr später wurde er von seiner Firma auf die Philippinen entsandt. Ich kann mich noch genau an den Abschied erinnern, weil ich in Tränen aufgelöst war. Denn wir beide dachten, es sei ein Abschied für immer, da wir einfach nicht mehr so recht zusammenpassten.

Geweint habe ich um diese innige Liebe, die ich für verloren glaubte, und schon damals habe ich geahnt, dass ich nie wieder einen Mann so lieben könnte wie ihn. Aber ich war sicher, ich würde auch so meinen Weg gehen und was vorbei ist, ist vorbei. Totale Anpassung lag mir nicht, also ließ ich ihn ziehen, auch aus meinem Herzen.

Das darauf folgende halbe Jahr verbrachten wir beide nicht in Trauer, sondern vielmehr recht lustig – so nach dem Motto: „Auch andere Mütter haben schöne Kinder."

Heute denke ich, es war eine ganz wichtige Zeit in unserem Leben, in der wir beide zu Erwachsenen reiften.

Um es kurz zu machen: Als dein Papa wieder in heimischen Gefilden war, teilte er mir mit, dass er nun genau wüsste, dass ich die Frau fürs Leben wäre und dass er sofort heiraten wolle!

Das musste ich mir aber noch ein wenig überlegen, denn eigentlich fand ich mein Leben schön, so wie es gerade war. Und obwohl ich nach wie vor sicher war, dass ich ihn liebte, wollte ich mich auch nicht mehr verletzen lassen. Weh tun kann einem ja nur der, den man liebt.

Aber dein Vater war hartnäckig und umgarnte mich mit seinem ganzen Charme. Ich sah auch, dass er sich verändert hatte, aus dem jungen Burschen war ein Mann geworden, der genau wusste, was er wollte.

Und hatte ich mich nicht auch verändert? War ich nicht bereit für ein etwas beständigeres Leben? Gefiel es mir wirklich, mich nur zu amüsieren? Nein, ich suchte schon Geborgenheit.

Nach einigen Monaten des neuen Kennenlernens stand unser Entschluss fest: Wir werden heiraten! Wir waren verliebt wie nie zuvor.

Unsere Familien hätten nicht überraschter sein können, aber für uns beide war es endgültig: Wir beide –

ein Team – auf ewig – komme, was wolle! Unsere Herzen und unser Verstand sagten uns, dass es das Richtigste auf der Welt sei.

Es folgte eine gut organisierte und wundervolle Hochzeit und alle wünschten uns, dass unsere Ehe so sein möge wie die Hochzeit.

Wie es weiterging, erzähle ich dir morgen.

    Bussi, deine Mutti!

An unsere kleine Reisende!

So nenne ich dich oft, denn du warst wie ein Schmetterling, der zum Fenster hereinkommt, ein wenig verweilt und dann seine Reise fortsetzt. Ach, warum bist du weitergereist? Wärst du doch geblieben! In meinem Herzen wirst du immer deinen Platz haben.

Nun erzähle ich aber weiter. Ich erzähle es dir und gleichzeitig auch deinen Geschwistern, die immer wieder Fragen stellen nach allem, was gewesen ist.

Nach unserer Hochzeit planten wir gar nichts, kein Haus, keine Reisen und Kinder. Ja, sicher, in den nächsten fünf Jahren wollten wir Eltern werden, aber wann genau, das überließen wir dem lieben Gott und dem Schicksal – oder ist das dasselbe?

Dein Vater war nach wie vor viel im Ausland unterwegs, aber immer nur kurzfristig, und wir haben gelernt damit umzugehen.

Wir waren etwas mehr als ein Jahr verheiratet, da kam dein Brüderchen zur Welt. Die Freude hätte nicht größer sein können! Verstehst du, was ich damit sagen will? Jedes einzelne unserer Kinder war immer nur Freude und Glück für uns. Es ging uns finanziell nicht schlecht, wir hatten eine schöne Wohnung, ich hörte zu arbeiten auf, weil wir beide es wollten. Es ging uns einfach gut und wir waren so glücklich.

Manchmal wurde mir Angst und Bange vor lauter Glück und ich dachte: „Darf man ungestraft so glücklich sein?" Als dein Bruder ein Jahr alt war, beschlossen wir, aus beruflichen Gründen in ein schönes, heißes, arabisches Land zu gehen. Wir waren ein Jahr im Ausland und genossen diese Zeit sehr.

Täglich schien die Sonne vom Himmel, wir machten Ausflüge in die Wüste und gingen viel schwimmen. Wir hatten schon früher besprochen, dass wir noch mehr Kinder haben wollten und kein so großer Abstand zwischen den Geschwistern sein sollte. Jetzt hatte ich viel Zeit, um mich um deinen Bruder zu kümmern, hatte eine Hilfe im Haushalt und so entschieden wir, dass dies die richtige Zeit für ein neues Baby sei.

Siehe da, der liebe Gott dürfte sich dieselben Gedanken gemacht haben, denn als wir noch darüber nachdachten, hatte ER bereits für uns entschieden und ich war schon schwanger. Wir empfanden immer, dass Kinder ein Geschenk sind, sie lassen sich nicht planen.

Unser Glück hielt an und als wir nach einem Jahr Auslandsaufenthalt nach Hause zurückkehrten, war ich kugelrund, weil hochschwanger. Wie es dann in Österreich weiterging, erzähle ich dir im nächsten Brief.

    In Liebe Mama

Liebe Lisa!

Weil ich alle meine Gedanken zu Papier bringen will, muss ich sie ein wenig ordnen, sonst kennt sich niemand aus. Du nicht und alle anderen LeserInnen nicht.

Aber oft fällt es mir schwer mich zu konzentrieren, dann rasen meine Gedanken zu dir. Und wie so oft frage ich mich: „WO BIST DU JETZT?" Bist du in einer anderen Welt, ist deine Seele schon wiedergeboren? Dann bin ich eifersüchtig, denn ich gönne niemandem das Vergnügen, dich als Kind zu haben. Oder ich mache mir Sorgen, ob du's auch gut hast – dort, wo du dich aufhältst. Was ist der Himmel? War dein Sterben schwer und hat es weh getan? Tausend Fragen und nie eine Antwort …

Aber ich habe ja versprochen, mit meinem Bericht weiterzumachen, dort, wo ich im letzten Brief aufgehört habe.

Zurück in Österreich dauerte es nur noch wenige Wochen und deine Schwester Nina-Katharina wurde geboren. Wieder ein gesundes Kind und nach dem Buben ein Mädchen! Wir waren eine Bilderbuchfamilie. Ich schreibe immer, wie gut es uns ging und wie zufrieden und glücklich wir waren. Das stimmt schon, aber natürlich gab es auch bei uns Tage, an denen wir nicht von früh bis spät gelacht haben. Dass Papa viel im Ausland unterwegs war und ich bei jeder Reise gezittert habe, ob er wohl wieder gesund nach Hause käme, ist klar. Auch war ich oft und viel alleine mit den zwei Kleinkindern. An vielen Wochenenden, wenn ich andere Väter sah, die den Kinderwagen schoben oder mit ihren Sprösslingen in der Sandkiste saßen und spielten, war ich traurig und sehnte mich nach meinem Mann.

Die beiden Omas waren noch berufstätig und so hatte ich nie Gelegenheit, mal mit anderen Frauen alleine etwas zu unternehmen. Aber ich besitze ein sonniges Gemüt und eigentlich führte ich genau das Leben, das ich wollte. Schließlich ist nichts perfekt, ich ließ mich nicht unterkriegen und wir waren eine fröhliche Familie.

Da ich mit meiner Mutter alleine aufgewachsen war – meine Eltern waren geschieden und Geschwister habe ich auch nicht –, war es schon immer mein Wunsch, mindestens zwei bis vier Kinder zu haben. Ich hatte eine schöne Jugend und eine tolle Mutter. Zu meinen Großeltern hatte ich ebenfalls eine recht innige Beziehung und ich bin noch heute der Meinung, dass ich als Kind nie etwas vermisst habe. Aber ich wollte eine große Familie haben.

Vorstellungen und Wünsche sind aber doch etwas anderes als das wirkliche Leben und mit zwei kleinen Kindern war ich eigentlich genug beschäftigt. Der Gedanke an ein drittes Kind nahm keine allzu festen

Formen an. Manchmal sehnte ich mich schon wieder nach einem kleinen Baby, aber die letzte Schwangerschaft war nicht gerade einfach gewesen, mir war neun Monate lang schlecht und ich konnte kaum Essen bei mir behalten. So hatte ich nur sechs Kilo zugenommen und deine Schwester kam mit vier Kilo zur Welt! Dass ich danach etwas mehr als schlapp war, ist klar und ich konnte mich noch zu gut daran erinnern. Wie sollte ich den Alltag mit drei Kindern schaffen, falls es mir wieder nicht so gut ging?

Eines Tages kam dein Papa mit der Mitteilung nach Hause, dass wir für acht Monate oder auch länger nach Costa Rica gehen sollten. In ein kleines Dorf mitten im Dschungel, wo er wieder mal beruflich zu tun hatte.

Es fiel mir nicht leicht, zu dieser Entscheidung Ja zu sagen, denn in den Urwald wollte ich nun wirklich nicht. Dein Bruder Alexander war zu diesem Zeitpunkt gute drei Jahre alt und Nina war noch nicht mal zwei Jahre.

Noch dazu waren wir gerade von einem mehrmonatigen Aufenthalt in Chile zurückgekommen, wo ich sehr unglücklich – weil total isoliert – gewesen war. Ich konnte die Sprache nicht und kannte keinen Menschen; diese Zeit empfand ich als äußerst schwierig. Das Heimweh nagte an mir. Das Alleinsein war ich zwar gewohnt – aber in meiner Heimat, wo ich Freunde und Familie hatte. In Chile war ich ganz alleine und wenn dein Vater auf dienstliche Reisen ging, saß ich mit zwei kleinen Kinder in einem etwas abgelegenen Haus, ertrug nur schwer die täglichen Erdbeben und war verzweifelt, weil deine Geschwister und auch ich unter ständigem Durchfall litten.

Die Sprache zu erlernen schien mir damals nicht möglich. Wie hätte ich in einen Sprachkurs besuchen sollen – wo hätte ich inzwischen meine Kinder gelassen? Vielleicht umschnallen, eines vorne, das andere hinten? Abends war ich einfach zu müde zum Lernen und so habe ich das erste Mal in meinem Leben das Handtuch geworfen und eine begonnene Sache aufgegeben.

Ich reiste ab! Nach vier Monaten in Chile teilte ich deinem Papa mit, dass ich bei aller Liebe zu ihm das nicht mehr aushalten würde. Er hatte Verständnis dafür und so packte ich unsere Koffer und flog alleine mit unseren beiden Kindern nach Hause – 32 Stunden ohne zu schlafen.

Drei Monate später war dein Papa auch zurück und so ganz langsam war die Herumreiserei deines Vaters in der ganzen Welt für mich zur Belastung geworden.

Kannst du jetzt verstehen, warum ich nicht gerade begeistert war, als ich erfuhr, dass wir in den Urwald ziehen sollten? Schon wieder diese verflixte spanische Sprache, die ich nicht beherrsche, kaum medizinische Versorgung und dann die vielen Viecher, die da so kreuchen und fleuchen und die ich vielleicht in den Bettchen der Kinder finden würde. Nein, diese Vorstellung gefiel mir gar nicht!

Aber ich wollte auch nicht ein ganzes langes Jahr von meinem Mann getrennt sein. Und was noch viel wichtiger war: Ich konnte das den Kindern nicht antun, so lange ohne Papa zu sein. Also überwand ich meine Ängste, dachte an Frauen, die Kriege erleben müssen, und schalt mich feige. Der Entschluss stand letztendlich fest: Wir würden als Familie zusammenbleiben und gemeinsam nach Costa Rica gehen.

In dieser Zeit sagte einmal eine Freundin zu mir: „Was du alles aushältst und tust, ich bewundere dich dafür. Aber dein Leben möchte ich nicht leben, ich wünsche dir wieder ruhigere und bessere Zeiten." Und auch ich dachte mir: „Seit zwei Jahren geht es bei uns turbulent zu und es könnte wirklich wieder anders werden."

Seit damals wünschte ich mir ein ganz normales, ruhiges Familienleben, so nach der Art, wie es meine Freundinnen führten: Morgens geht der Mann zur Arbeit, abends kommt er wieder rechtzeitig heim, spielt noch ein wenig mit den Kindern, bevor die Eltern sie gemeinsam ins Bett bringen und sonntags gibt es dann Treffen mit Freunden und Ausflüge. Ich fand, das wäre ein tolles Leben – weil ich es so nie hatte.

Aber schon ein Sprichwort sagt: Erstens kommt es anders, zweitens als man denkt.

Wie es dann wirklich gekommen ist, kannst du in meinem nächsten Brief lesen.

In Gedanken ein zärtlicher Kuss auf deine kleine Nasenspitze!

    Deine Mutti

Mein liebes Kind!

Im Herbst 1989 hatte ich einen fürchterlichen Traum. Ich wachte frühmorgens auf und war schockiert über die Deutlichkeit dieses Traumes, den ich kurz vor dem Aufwachen gehabt hatte. Sofort berichtete ich alles dem Papa, der aber leider auch nichts damit anzufangen wusste. Es ist, als wäre es gestern gewesen, so genau kann ich mich noch daran erinnern.

In diesem Traum sah ich ein blond gelocktes Mädchen von zirka einem Jahr und ich **wusste**, es war meine Tochter. Das war deshalb so verwirrend, weil dieses Kind nicht wie meine kleine Nina aussah und eine andere Tochter hatte ich doch nicht! Das Mädchen war gestorben und es lag auf einem weißen Bett, der Notarzt war gerade bei ihr und versuchte mit Elektroschock das Kind wiederzubeleben. Der kleine Körper bäumte sich auf und ich stand daneben – aber ich wusste, dass das alles zwecklos war, alle Bemühungen würden umsonst sein, mein kleines Mädchen war gestorben!

Der Arzt sah bald ein, dass nichts mehr zu machen war, er drehte sich zu mir um, schüttelte den Kopf und versuchte mich dann zu trösten. Alle Personen in diesem Traum waren gesichtslos, das heißt, die Köpfe waren wie im Nebel verhüllt. Aber die Gegenstände waren klar und deutlich zu erkennen und am deutlichsten war das Kind zu sehen. Ich ging zu ihm, streichelte ihm über den Kopf und drückte es nochmals ganz fest an mich. Ich wusste, dass es tot war, aber sein Geist schien noch da zu sein und der flüsterte mir zu, nicht allzu traurig zu sein.

Danach wachte ich auf, war verwirrt und geschockt, machte mir aber keine einzige Sekunde Sorgen um Nina. Ich wusste, dass nicht sie gemeint war. Wer aber dann?

Der Traum war so wirklich wie mein Leben und ich meinte, er müsste mir etwas sagen. Niemals zuvor und nie mehr danach habe ich so etwas erlebt und ich wünsche mir, dass mir das nie, nie wieder passiert. Wer mich kennt, weiß, dass ich mit beiden Beinen im Leben stehe und mit Vorsehung und Wahrsagung nicht allzu viel anfangen kann. Ich denke mir zwar, dass es so etwas gibt, weil es sicherlich mehr gibt, als wir uns zurzeit vorstellen können, aber persönlich hatte ich noch keine derartigen Erfahrungen gemacht.

Es ließ mich aber nicht los und so telefonierte ich einige Tage später mit meinem Cousin, der Psychologe ist. Als ich ihm alles erzählt hatte, wusste auch er damit nichts anzufangen, dachte aber, dass es vielleicht mit meiner Tante zusammenhängen könnte, die in dieser „Traumnacht" unerwartet verstorben war und die ich sehr gemocht hatte. Aber für mich war das keine Erklärung, denn meine Tante und mein Kind, das ich doch gar nicht kannte, konnte ich beim besten Willen nicht in Verbindung bringen.

Einige Wochen darauf fühlte ich, dass ich erneut ein Kind erwartete.

Also marschierte ich zum Arzt und dieser behandelte mich auf Hormonstörung, weil er keine Schwangerschaft entdecken konnte. Das überraschte mich zwar, weil ich doch ganz genau wusste, wie es sich anfühlt schwanger zu sein. Aber wenn er nichts finden konnte, na ja, vielleicht hat er doch Recht und ich irre mich, so dachte ich mir.

Nach weiteren drei Wochen war ich aber sicher, dass sich der Arzt geirrt hatte und so ging ich zu einer neuerlichen Untersuchung ins Spital. Juhu, ich hatte Recht! Ich bekam wieder ein Kind! Alle Bedenken waren wie weggeblasen, ich freute mich wie verrückt. Es wird nun doch etwas mit der großen Familie! Nach der Untersuchung traf ich mich mit meiner Mutter in der Stadt auf einen Kaffee und teilte ihr die freudige Botschaft mit. Wir feierten dich, mein liebes Kind, mit einem Gläschen Sekt.

Deine Oma freute sich mit mir und fand es einfach wunderbar, denn sie meinte, ich sei die beste Mutter, die sich vorstellen könne. Trotz ihres Jobs sagte sie mir alle Unterstützung zu, die ich wollte.

Erst danach spazierte ich zu einer Telefonzelle und rief deinen Papa an, um ihm die freudige Nachricht mitzuteilen: „Hallo, mein Schatz, ich habe mich doch nicht geirrt – du wirst wieder Vater!"

Ganz kurz war es still in der Leitung und dann ein echter Überraschungsausruf. Dein Papa hatte doch nicht so fest mit dir gerechnet wie ich. Aber auch er freute sich!

Am Abend haben wir dann besprochen, wie denn alles sein würde mit dir, was du für ein Geschlecht haben würdest und vieles mehr. Im Übrigen sagte ich gleich, dass du ein Mädchen werden würdest, ich hatte es auch bei Alex und Nina gefühlt.

Einige Tage lang waren wir so beschäftigt damit uns alles auszumalen, wie es werden würde, wenn du erst auf der Welt wärst, dass wir vollkommen vergaßen, auch darüber zu sprechen, was nun aus dem Costa-Rica-Projekt werden würde.

Dann kamen Weihnachten und Neujahr, vieles war vorzubereiten, es gab Familienfeste und Feierlichkeiten und wir nahmen diese Anlässe wahr, um unseren Verwandten und Freunden deine Ankunft im Juli mitzuteilen.

Alle freuten sich für uns, aber viele waren auch besorgt über den neuerlichen Auslandsaufenthalt, der uns bevorstand.

Was wir überlegten und wozu wir uns letztendlich entschieden – darüber erzähle ich dir im nächsten Brief.

In ewiger Liebe

    Mama

An mein süßes Baby!

Zur Freude über deine im Sommer bevorstehende Ankunft kam allmählich doch die Sorge, wie wir jetzt mit dem verflixten Costa Rica verfahren sollten. Aus heutiger Sicht würde ich sagen: „Okay, die Firma soll jemand anderen dorthin schicken, weil sich bei uns die familiären Verhältnisse geändert haben. Das müssen sie akzeptieren." Heute denke ich, sie hätten zugestimmt, aber damals wollten wir die Firma nicht verärgern, noch dazu, wo Papa der alleinige Ernährer der Familie war und wir das Geld auch ganz gut gebrauchen konnten. Immerhin würden wir bald eine 5-köpfige Familie sein. Schweren Herzens beschlossen wir dann Folgendes:

Papa geht alleine in dieses so weit entfernte Land und ich bleibe mit den Kindern zu Hause. Ich würde nicht meine Schwangerschaft und damit dich aufs Spiel setzen. Wenn ich daheim bliebe, hätte ich ärztliche Versorgung, bräuchte keine Malariatabletten zu nehmen, hätte meine gewohnte Umgebung, meine Freunde und vor allem meine Mutter, die mir zur Seite stehen könnte.

Es war eine sehr schwere Entscheidung und ich weiß noch, wie ich in einem Anfall von Hilf- und Trostlosigkeit unter Tränen den Papa anflehte, doch alles wieder rückgängig zu machen. Ich bettelte und heulte und flehte, aber es half alles nichts, zu diesem Zeitpunkt waren die Koffer eigentlich schon gepackt und es war wirklich nichts mehr zu machen. Beim besten Willen konnte Papa jetzt nicht mehr kneifen. Das hätten wir uns früher überlegen sollen.

Deinem armen Papa war auch nicht recht wohl zumute. Wer lässt schon gerne seine schwangere Frau mit zwei Kleinkindern zurück – die er im Übrigen ganz furchtbar vermissen würde – und geht für fast ein ganzes Jahr in den Dschungel?

Es war wie verhext und das Unglück nahm seinen Lauf.

Also nahm ich mich zusammen, sagte mir, dass werdende Mütter fröhlich sein sollen und dass es schließlich nicht der Weltuntergang wäre. Außerdem war ich doch täglich dankbar, dass wir alle gesund waren und dass wir uns so liebten.

Ich hatte immer schon die Kraft, wenn es mir mal nicht so gut ging, mich selbst zu trösten und an diejenigen zu denken, die noch viel schlechter dran waren. Andere hatten kranke Kinder oder die Ehe zerbrach; meine Großeltern hatten den Zweiten Weltkrieg getrennt voneinander verbracht, wobei meine Großmutter unter schwierigsten Umständen für ihre zwei kleinen Kinder sorgen musste und ihr kleiner Sohn sah seinen Vater überhaupt das erste Mal mit fünf Jahren! So gesehen ging es mir ja richtig gut!

Diese Gedanken und mein fröhliches Naturell halfen mir über vieles hinweg. Aber ich kann nicht leugnen, dass es mir auch oft schlecht ging.

Genaueres über unsere Schwangerschaft, mein liebes Kind, berichte ich dir das nächste Mal.

    Deine Mutti

An unseren kleinen Sonnenschein!

Du bist also gewachsen und aus meinem Bäuchlein wurde ein beeindruckender Bauch. Am meisten hast du in der Nacht herumgeturnt und ich brauchte oft lange zum Einschlafen, da du deine Purzelbäume recht heftig gemacht hast.

Ich ging wie vorgeschrieben regelmäßig zum Arzt und es war alles bestens mit uns beiden. Zu Ostern kam dein Papa auf Urlaub und wir alle waren glücklich. Er spielte mit Alexander und Nina, nahm mir eine Woche lang die schweren Einkäufe ab und legte seinen Mund auf meinen Bauch, um sich mit dir zu unterhalten. Eine ganze Woche lang waren wir glückselig, dann musste er wieder abreisen und wir waren traurig. Doch wir sahen wieder einmal bestätigt: Wir halten zusammen, unsere Liebe ist groß genug für so eine lange Trennung!

Ich sollte vielleicht noch erwähnen, dass ich seit der Schwangerschaft nie wieder an diesen grauenhaften Traum dachte, ich hatte ihn schlicht und einfach vergessen. Das war auch gut so, denn sonst hätte ich mir sicherlich Sorgen gemacht. Der Traum war einfach nicht mehr vorhanden, es war, als hätte es ihn nie gegeben.

Die Schwangerschaft machte mir im Gegensatz zur letzten überhaupt nicht zu schaffen. Mir war nicht schlecht, ich war fit, ich kannte keine seelischen Hochs und Tiefs. Die konnte ich mir allerdings auch nicht leisten, ich musste voll da sein für deine zwei Geschwister. Zu Bett ging ich immer früh, das tat mir gut; ich ging viel spazieren, das tat der ganzen Familie gut, und ich war guter Dinge. Deine Oma unterstützte mich, wo sie nur konnte, und ich war dankbar dafür. Natürlich wäre es mir lieber gewesen, dein Papa hätte mich statt der Oma täglich gefragt, wie's denn so geht mit uns beiden. Aber das war halt nicht möglich, denn im Urwald gab es nur Funktelefon und das ging mehr schlecht als recht und schon gar nicht täglich.

Als du immer größer wurdest und ich immer unbeweglicher, turnte ich trotzdem täglich und machte mich hübsch. Ich ließ mich nie gehen, aber die schwierigste Übung des Tages war es, deinen Bruder vom Kindergarten abzuholen. Warum? Ganz einfach deshalb, weil sich deine Schwester immer zur selben Zeit irgendwo in der Wohnung auf den Boden legte und einschlief. Es war zum Verrücktwerden! Ganz gleich, wann ich losfahren wollte, sie schlief fünfzehn Minuten vorher ein und ich getraute mich nicht, sie alleine zu lassen. Denn was wäre, wenn ich einen Unfall hätte und niemand wüsste, dass sich ein zweijähriges Kind allein in der Wohnung befindet? Oder sie könnte aufwachen und sich fürchten. Nein, das konnte ich nicht verantworten. Und so schleppte ich täglich dich in meinem

Bauch und deine Schwester auf den Schultern zwei Stockwerke die Treppen hinunter, überquerte den Innenhof, ging nochmals ein Stockwerk in die Tiefgarage hinab und hievte letztendlich die kleine Nina, die aber schlafend unendlich schwer wog, in den Kindersitz ins Auto. Die Kleine verschlief alles seelenruhig. Dann ließ ich mich ins Auto fallen und tat mir oft selbst Leid, denn das ging an die Grenzen meiner Belastbarkeit. Den Architekten, der sich diesen Zugang zu den Autos einfallen ließ, habe ich oft in Gedanken verflucht. Er dürfte kinderlos sein!

Schließlich fuhren wir in den Kindergarten und holten einen glücklichen, aber müden Alexander ab. Kindergarten war anstrengend und wie viele Fünfjährige wollte er so gerne getragen werden!

Also trug ich ihn den kurzen Weg bis zum Auto, denn ich wusste, sobald wir zu Hause wären, gab es für ihn sowieso keine Chance mehr dazu. Vom Auto bis zur Wohnung musste er gehen, denn da trug ich die immer noch schlafende Nina. Alex musste der Tüchtige sein und selber gehen. Er bettelte aber um meine Hand und das konnte ich ihm nicht verwehren.

So zogen wir Richtung Wohnung. Du in mir, auch schon ganz schön schwer, Nina auf meinem Arm und Alexander an der Hand. Wenn wir endlich in der Wohnung ankamen, war ich jedes Mal komplett geschafft und hatte Schmerzen im Bauch. Ich machte mir Sorgen um dich, ich wollte auf diese Art keine vorzeitigen Wehen auslösen.

Also schonte ich mich sonst, wo ich nur konnte. In unserer nächsten Umgebung wohnten noch zwei Schwangere, aber wir hatten nicht viel gemeinsam, denn diese Frauen wurden verwöhnt und gehätschelt: Der Ehemann trug die Einkaufskörbe und hängte die Wäsche auf, die Mütter oder Schwiegermütter putzten das Haus und die beiden selbst sah ich immer nur sich ausruhend in der Sonne sitzen. Das wäre aber sowieso nichts für mich gewesen, sagte ich mir, ich wäre ja nicht krank, sondern einfach nur schwanger.

Die Schwangerschaft stand mir, ich behielt meinen sportlichen Gang und wir beide brachten auch zuletzt gemeinsam nur 56 Kilo auf die Waage. Uns ging es wirklich gut und bis auf einige anstrengende Momente beklagte ich mich nie. Ich war absolut positiv eingestellt.

Im nächsten Brief werde ich dir erzählen, wie ich deine Geburt erlebte.

        Ein feste Umarmung in Gedanken … Mama

Liebe Lisa-Christina!

Drei Wochen vor dem errechneten Geburtstermin waren wir beide nochmals zu einer Untersuchung beim Gynäkologen und der stellte fest, dass es sehr wahrscheinlich noch am selben Tag zur Entbindung kommen würde. Zuerst bin ich erschrocken, denn es war doch viel zu früh. Ich wollte dich doch noch gar nicht hergeben!

Nicht, dass ich so gerne schwanger gewesen wäre. Wie fast alle werdenden Mütter war ich froh, wenn die doch recht beschwerliche Zeit vorüber wäre. Aber drei Wochen früher als gedacht, da machte ich mir schon Sorgen, ob es dir dann auch gut gehen würde. Warst du nicht zu klein oder noch gar nicht ganz ausgereift?

Der Arzt beruhigte mich und meinte, du seist groß und schon recht schwer, es könnte sein, dass wir uns verrechnet hätten, und ich solle mir keine Sorgen machen. Der hatte gut reden! Geplant war doch, dass Papa auf Urlaub käme und mir wenigstens bei deiner Geburt beistehen würde. Der Flug war bereits gebucht und wir hatten darauf gehofft, dass auch du so pünktlich wie deine Geschwister sein würdest.

Aber bei dir war eben alles anders. So schnell konnte sich dein Vater nicht herzaubern. Ich war schon froh, dass ich ihn innerhalb der nächsten fünf Stunden telefonisch erreichen konnte! Na, der war überrascht!

Also spulte ich zu Hause noch das ganze Haushaltsprogramm ab. Ich erinnere mich, dass ich noch alle Betten frisch bezog, die Schmutzwäsche wurde gewaschen, die Oma informiert. Sie musste sich ja jetzt Urlaub nehmen, zu uns ziehen und deine Geschwister hüten. Am Abend habe ich ihnen noch eine Gutenachtgeschichte vorgelesen und den beiden Kleinen erklärt, dass die Mami jetzt ein paar Tage fort sei, aber dafür dann mit dem Baby nach Hause komme.

Deine Geschwister verhielten sich vorbildlich und ich konnte Oma und Kinder guten Gewissens alleine lassen und mich nur mehr auf dich konzentrieren. Im Laufe des Nachmittags hatte ich schon die ersten Wehen verspürt und am Abend fand auch ich, dass es nun wahrhaft Zeit für die Klinik sei.

Dein Opa, Papas Vater, brachte mich ins Spital und ich war eigentlich guter Dinge und hatte keine Angst vor den bevorstehenden Schmerzen. Deine Geschwister hatten recht lange gebraucht, um das Licht der Welt zu erblicken, doch ich hoffte, dass es diesmal schneller gehen würde, und so scherzte ich mit der Hebamme und dem Arzt. Den Schwestern tat ich irgendwie Leid, weil dein Paps nicht bei mir war, und sie boten mir an, meine Mutter oder eine Freundin an deiner Geburt teilnehmen zu lassen, aber das lehnte ich ab, ich bin im Schmerz sowieso lieber alleine.

Die Geburt ging für meine Verhältnisse recht flott voran, wir beide mühten uns nur sechs Stunden ab und nach dreimal kräftig pressen warst du geboren. Ich kann nicht mehr sagen, ob du laut gebrüllt hast oder nicht, aber ich erinnere mich noch gut an die Worte: „Gratulation, es ist ein gesundes Mädchen!" Ich war selig und weinte ein bisschen vor Freude und auch ein bisschen, weil ich doch deinen Vater jetzt sehr vermisste.

Als du gewaschen und gewogen warst, legte dich die Hebamme in meine Arme und ich versuchte dich gleich zu stillen, aber du hattest die Augen zu und schienst zu schlafen. Du warst ganz still und ich etwas verwundert, denn deine Geschwister waren nach der Geburt wesentlich lebhafter gewesen.

Aber der Arzt hatte doch eben „gesund" gesagt, also warst du wohl nur erschöpft. Ich hätte so gerne in deine Augen geschaut, aber sie waren fest verschlossen. Also drückte ich dich nur ganz fest an mich und küsste dein kleines Gesicht und sagte dir tausend liebe Dinge. Auch warst du wirklich nicht winzig oder zu dünn, du wogst 3,62 Kilo und warst 50 cm lang. Also hatte doch mit der Berechnung des Termins etwas nicht gestimmt, denn noch drei Wochen in meinem Bauch und du wärst eine Riesin geworden!

Es war Mitternacht, der Tag war lange und anstrengend gewesen und ich war müde. Also trug dich eine liebe junge Schwester ins Babyzimmer und ich wurde auch zu Bett gebracht. Dann haben wir wohl beide gut geschlafen. So wurdest du also am 12. Juni 1990 geboren und ich liebte dich vom ersten Augenblick an abgöttisch. Du warst **mein** Baby. Papa konnte zwar nichts dafür, aber da er schon während der Schwangerschaft nur selten bei uns war und bei der Geburt auch nicht dabei sein konnte, warst du einfach **mein** Baby.

Von den ersten Tagen deines viel zu kurzen Lebens berichte ich dir morgen.

In inniger Liebe

        Mama

Hallo, mein Spatz!

Am nächsten Morgen mühte ich mich aus dem Bett und mein erster Weg war zu dir ins Babyzimmer. Ich konnte es gar nicht erwarten, dich wieder an mich zu drücken. Es lagen vier winzige Kinder in ihren Bettchen, aber wo warst du? Du warst eindeutig nicht dabei, alle Babys hatten dunkles Haar und du warst blond. Außerdem ist es ein Märchen, dass alle Neugeborenen fast gleich aussehen, ich fand sie sehr verschieden und ich hätte dich unter tausend Babys erkannt.

Da kam schon eine Schwester auf mich zu und teilte mir mit, dass du im Ärztezimmer seist, weil sie dich in einen Brutkasten gelegt hätten. Sofort stürzte ich dorthin und da sah ich dich auch schon in diesem gläsernen Kasten liegen. Du schienst friedlich zu schlafen. Man teilte mir mit, dass es die übliche Methode sei für Kinder, die zu früh zur Welt kämen. Damit sie nicht so viel Energie bräuchten, um sich selbst warm zu halten, würde das der Brutkasten einige Stunden lang für sie übernehmen. Das erschien mir einleuchtend, obwohl ich dich lieber bei mir in meinem Bett warm gehalten hätte.

Nachdem ich nichts anderes tun konnte, ging ich zurück in mein Zimmer. Da klingelte auch schon das Telefon. Dein Papi war am Apparat und wir unterhielten uns über eine Stunde lang über dich und er sagte, wie Leid es ihm täte, dass er bei deiner Geburt nicht dabei sein konnte und dass er dauernd an uns denken würde und dass er uns ganz furchtbar lieb hätte. Er wollte nun seinen Urlaub verschieben und sofort kommen, aber das redete ich ihm wieder aus, denn ich fand, in drei Wochen wäre es genau so gut und dann wäre ich wieder tatkräftiger und wir könnten schon alle fünf etwas unternehmen.

Du hattest noch keinen Namen und wir überlegten hin und her, was denn nun der schönste Name für dich sei. Ich schlug „Inez" vor, die spanische Form von Elisabeth. Spanisch deshalb, weil er doch gerade in einem spanischen Land war. Das wollte dein Vater nicht und so einigten wir uns auf Lisa, weil uns das schon immer gefallen hat. Das war zwar zu dieser Zeit ein Modename, aber was soll's, der Name gefiel uns.

Und dazu noch Christina von Christian, deinem Papa. Außerdem fanden wir, zu einer Nina-Katharina würde eine Lisa-Christina ausgezeichnet passen. So war es beschlossen und nach vielen Liebeserklärungen und Küssen durchs Telefon beendeten wir das Gespräch. Danach war ich selig und spazierte wieder zu dir.

Was auf diese glücklichen Minuten folgte, war wie ein Alptraum.

Ich betrat das Ärztezimmer um zu sehen, ob es dir auch gut ginge und ob ich dich endlich wach sehen würde. Ganz nah ging ich an den Brutkasten heran und fand, du hättest eine unnatürliche Gesichtsfarbe. Du hattest deinen kleinen Mund offen und schienst schwer zu atmen, außerdem waren da Geräusche wie von einer rasselnden Maschine.

Eine anwesende Ärztin fragte ich, was denn so eigenartige Geräusche verursachen würde. Sie stand auf, kam zu uns und erklärte mir, dass das deine Atmung wäre. Ich konnte es zuerst nicht fassen, dass ein Mensch so laut atmen kann und noch dazu ein so winziger! Sie erklärte mir, dass du wahrscheinlich eine schwere Lungenentzündung hättest und sie noch eine Stunde zuwarten würde. Wenn sich an deinem Zustand nichts änderte, kämst du in einer Stunde in die Kinderklinik, wo sie dich besser behandeln könnten.

Ich war so verzweifelt, es war, als hätte mich jemand vom Podest der Glücklichen hinabgestoßen in eine schwarze Tiefe. Gerade hatte ich doch mit deinem Papa telefoniert und ihm erzählt, du seist gesund und alles sei eitel Freude!

So gerne hätte ich dich an mich gedrückt und dir beim Atmen geholfen. Es war so furchtbar, dir in deinem Elend zuzuschauen. Ich rief meine Mutter an und erzählte ihr aufgeregt und unter Tränen, was ich soeben erfahren hatte, und sie versuchte mich zu trösten, aber es gelang ihr nicht. Ich legte mich in mein Bett und fing an zu beten. Ich heulte und war untröstlich. Daran, dass sich innerhalb der nächsten Stunde etwas ändern würde, glaubte ich nicht. Mir fiel wieder ein, dass du gleich nach der Geburt so sonderbar still gewesen warst. Und das mit dem Brutkasten heute Morgen – war die Erklärung nicht etwas fadenscheinig gewesen? Verschwieg man mir etwas?

Fast verrückt vor Sorge versuchte ich Papa zu erreichen, aber es war erfolglos. So sehr hätte ich jemanden gebraucht, der mich in die Arme nahm, der das alles mit mir gemeinsam trug. Geteiltes Leid ist halbes Leid.

Aber da war niemand, selbst am Gang war es besonders ruhig. Fast hatte ich den Verdacht, man wollte mir aus dem Weg gehen. Heute glaube ich, dass es wirklich so war, denn ich habe das noch öfter erlebt und schreibe das einer gewissen Hilflosigkeit zu. Damals war ich nur verängstigt, traurig und hilflos.

Nachdem ich lange und ausgiebig geweint hatte, begab ich mich wieder zu dir und gab dir deinen Namen, den die Schwester mit einem Marienkäfer verziert an dein Bettchen klebte. Dann war es so weit und die Ärztin konnte und wollte nicht länger zuwarten. Dein Zustand hatte sich nicht gebessert, mir kam dein Atmen sogar noch lauter vor. Der Brutkasten wurde mit Alufolie umwickelt, du wurdest mit Sauerstoff versorgt und schon waren die Rettungsmänner da, die dich abholen sollten. Ich begleitete dich auf den Gang hinaus und da kam uns deine Großmutter mit deinen zwei Geschwistern entgegen. Die Kinder waren so hübsch angezogen und meine Mutter hielt einen großen gelben Rosenstrauß für mich in den Armen. Normalerweise wäre das einer der glücklichsten Augenblicke für mich gewesen, meine drei Kinder vereint und meine eigene Mutter, die immer für mich da war und mich mit ihrer positiven Lebenseinstellung mitreißen konnte.

Aber Oma wie Kinder sahen erschrocken aus, als sie diesen alu-umwickelten Brutkasten, die Rettungsmannschaft und schließlich mich – verweint – sahen. Im Laufschritt begleitete ich dich bis zum Ausgang, legte meine Hand auf das Glas und versprach dir stumm, dich nie, niemals im Stich zu lassen.

Dann kehrte ich zurück, umarmte Alexander und Nina und schlussendlich warf ich mich in die Arme meiner Mama. Ich brauchte Halt und Geborgenheit und wer sollte sie mir sonst geben? Wir gingen zu meinem Zimmer und kaum dort angelangt, ging die Tür auf und mein Arzt kam herein. Er war über alles informiert und ich teilte ihm sofort mit, dass ich das Krankenhaus auf der Stelle verlassen würde, um bei meinem kranken Kind zu sein.

Er war einfach wunderbar und menschlich; ich werde es ihm nie vergessen, dass er so unbürokratisch gehandelt hat. Er organisierte meine sofortige Entlassung und kümmerte sich auch um dich, indem er in den folgenden Tagen und Wochen in ständiger Verbindung mit deinen behandelnden Ärzten stand und mich über diese Gespräche informierte.

An dieser Stelle möchte ich mich bei allen Menschen, die mir in dieser Zeit zur Seite standen, bedanken, die mir moralische Unterstützung gaben, die auf meine Kinder aufpassten, die mir teilweise den Haushalt führten und Einkäufe erledigten. An erster Stelle ist hier meine so praktisch veranlagte Mutter zu erwähnen, meine fleißige Schwiegermutter, mein Schwiegervater und nicht zuletzt mein Freundin Margit, die sich in dieser Situation als wahre Freundin erwies.

Bis morgen, meine Süße, ich umarme dich!

    Mutti

Für unseren Schmetterling ...

Also regelte ich alles für deine Geschwister zu Hause, ich traf Entscheidungen, sprach Bitten um Unterstützung aus, organisierte die nächsten Tage und schon da fing ich an zu wachsen. Wachsen – über mich selbst hinaus, denn normalerweise sind die Gedanken und Taten einer Frau, die 12 Stunden zuvor ein Kind geboren hat, ganz andere. Ich organisierte und dachte fast schon militärisch genau nach, wie ich alles am besten einteilen sollte. Wie ich schon sagte, ohne die Hilfe der Familie und von Freunden wäre es nicht gegangen. Mein Plan war, zu Hause alles so gut wie möglich zu organisieren, damit ich so viel Zeit wie nur irgend möglich bei dir verbringen konnte.

Das nächste Problem war, dass mir eine Schwester, noch bevor ich aus der Klinik nach Hause ging, eine Spritze gegen das Einschießen der Muttermilch geben wollte. Das kam für mich nicht in Frage, denn wenn du schon so furchtbar krank warst, so brauchtest du doch Muttermilch noch dringender als die gesunden Babys, dachte ich. Oma und die Kinder fuhren nach Hause und ich begab mich mit deinem Opa in die Kinderklinik. Dort erlitt ich den nächsten Schock.

Nachdem wir uns angemeldet hatten, wurden wir an die Intensivstation verwiesen. Das klang furchtbar bedrohlich und mir wurde ganz schwach in den Knien.

Intensivstation – hieß das nicht, dass du todkrank warst? Ja, so musste es wohl sein.

Wir suchten also diese Station und dort standen wir vor einer schweren, abgesperrten Türe. Auf unser Klingeln hin erschien eine Schwester, die uns mitteilte, dass ausnahmslos nur die Eltern der Babys die Station betreten durften. Das war fast zu viel für mich, denn ich war noch etwas wackelig auf den Beinen und die Naht des Dammschnittes brannte höllisch zwischen meinen Beinen. Moralisch hätte ich dringend den starken Arm meines Schwiegervaters gebraucht, denn ich hatte auf einmal furchtbare Angst, dich zu sehen und zu hören, was man mir über dich erzählen würde. So stand ich also völlig hilflos da und mir traten die Tränen in die Augen vor Verzweiflung.

Man schickte deinen Opa auf eine Art schmale Terrasse, die außen im Freien um das Gebäude herum lief und von wo aus die Angehörigen in die Zimmer der Babyintensivstation sehen konnten. Ich hatte das Gefühl, ich würde durch ein schwarzes Loch nach unten gezogen und ich musste mich zusammenreißen, um nicht ohnmächtig zu werden. Ganz tief in mir breitete sich das Gefühl des völligen Verlassenseins aus und es sollte mich noch sehr lange begleiten.

Ein weiteres Klingeln an der Türe riss mich aus meinen Gedanken; ich sah ein junges Paar eintreten. Offensichtlich waren es Eltern eines ebenfalls hier befindlichen Babys. Die Schwester, die schon mich zuvor eingelassen hatte, begrüßte sie und der Mann stellte ihr seine Frau vor. Sie sei so tapfer und habe schon vier Tage nach der Entbindung die Klinik verlassen, um ihr Kind zu besuchen, meinte er. Daraufhin gingen sie den Flur entlang und auf ein Zimmer zu.

Ich sah ihnen nach und stellte fest, dass sich die Frau nur langsam bewegte, offensichtlich hatte auch sie noch Schmerzen beim Gehen. Ihr Mann hatte den Arm fest um sie gelegt und redete tröstend auf sie ein, da sie sicherlich aufgeregt war und sich schwach fühlte.

Und ich stand da und in mir kroch Neid hoch. Dieses Gefühl war mir sonst fremd, ich gönne allen Menschen alles – das war immer schon so. Aber als ich dieses Paar sah, die füreinander da waren und sich umarmen und festhalten konnten, da war ich so neidisch und ich tat mir selbst Leid. Ich gönnte ihnen diese Zweisamkeit, doch ich wollte das auch!!!

Mir war so elend zumute und innerlich verfluchte ich den Job deines Vaters. Ich wünschte, ich könnte ihn kraft meiner Gedanken herbeizaubern. Wir waren uns doch immer trotz der Entfernungen ganz nah im Herzen und jetzt wusste er noch nicht mal, dass du krank warst! Ich dachte, ich müsste verrückt werden vor Kummer. Allein – allein – allein, dröhnte es in meinem Kopf.

Die Schwester kam auf mich zu und meinte, jetzt könne ich zu dir, die Untersuchungen wären abgeschlossen und die behandelnden Ärzte würden bei dir auf mich warten. Völlig benommen folgte ich ihr in das Zimmer, wo du neben vier anderen Babys lagst.

Drei Ärzte und zwei Schwestern standen bei deinem Brutkasten und begrüßten mich. Der Chef der Abteilung machte einen Schritt auf mich zu, drückte mir fest die Hand und erst danach sah ich dich. Du warst zwischen all den Geräten und Schläuchen so winzig und in diesem Moment wusste ich, was es heißt, wenn einem das Herz bricht.

Es wurde mir erklärt, was du eigentlich hattest. Es war ein Streptokokkeninfekt – das, was man auch bei einer Angina hat –, aber bei dir waren außer Herz und Gehirn alle Organe befallen und man konnte noch nicht sagen, ob sie auf Dauer geschädigt wären oder nicht. Aber das wäre im Moment auch nicht so wichtig, denn jetzt ginge es nur um dein Überleben. Und das konnte mir niemand garantieren. Der Arzt meinte, es täte ihm sehr Leid, aber er schlage eine sofortige Nottaufe vor, denn es sei jederzeit mit deinem Ableben zu rechnen.

Ja, er meinte, dass du eigentlich kaum Chancen hättest und dein Gewicht in Wirklichkeit um ein ganzes Kilo weniger betragen würde, der Rest sei Wasser. Deine Lunge hatte es schon erreicht, das Herz würde es bald erreichen – wenn die Medikamente nicht sofort griffen. Und das sei unwahrscheinlich.

Jedes einzelne Wort traf mich wie ein Keulenschlag mitten ins Herz, aber gleichzeitig wuchs auch etwas in mir, eine Kraft und ein Wille, den ich auf dich übertragen wollte.

Eigentlich war es genau genommen das Wort „Nottaufe", das in mir etwas auslöste. Die Gedanken liefen Sturm in meinem Kopf, Nottaufe – Gott – Sterben – Wille – – – Dein Wille geschehe …

NEIIIIN!

Mein Wille geschehe und du, Gott, wirst mir dabei helfen! Du hast mir dieses Kind geschenkt und Geschenke fordert man nicht zurück … Nein, mein Kind, dich gebe ich nicht mehr her, nie mehr, nie mehr!!!

Ich hörte mich selbst sagen: „Danke, Herr Doktor, bitte halten Sie mich ständig auf dem Laufenden, ich will immer die Wahrheit hören. Aber eine Nottaufe will ich nicht, wir werden die Kleine in ein paar Monaten richtig feierlich in der Kirche taufen lassen. Das ist mein letztes Wort in dieser Angelegenheit."

Alle Anwesenden sahen mich mitleidig an, so, als ob sie dachten: „Die arme Mutter, sie will nicht akzeptieren, dass ihr Töchterchen sterben wird." „Die werden uns noch kennen lernen, dich, mein Schatz, und mich, deine Mutti", das dachte ich mir.

Das Erinnern ist anstrengend und schön zugleich. Fühlst du meine Gedanken und kannst du noch meine Liebe fühlen, obwohl ich dich schon lange losgelassen habe? Das ist bedingungslose Liebe, das ist Mutterliebe.

    Mama

Für dich ...

Wir beide waren allein. Das heißt, die anderen winzigen, kranken Persönchen waren natürlich auch noch im Raum, die Türe stand immer weit offen und ständig war eine der Schwestern da, aber sie ließen mich in Ruhe und zeigten mir nur, wo und wie ich dich durch die beiden kreisrunden Öffnungen im Brutkasten berühren konnte.

Ich setzte mich an deine Seite und fing an dich zu streicheln. Du hast überhaupt nicht reagiert, aber ich war mir sicher, dass du alles spürtest. Ich sprach zu dir, sprach dir Mut zu und versuchte dich zu trösten, denn ich war mir sicher, dass du Schmerzen hattest. Auch erzählte ich dir, dass dein so mühevoller Start ins Leben auch für mich furchtbar schwer sei. Ich erzählte dir von Papa, Alex und Nina, flehte dich an, gesund zu werden und ich versprach dir alle Hilfe, die wir dir geben konnten. Ganz leicht massierte ich deine Fußsohlen und streichelte dich am ganzen Körper. Zuletzt versprach ich dir noch Muttermilch. Irgendwie musste ich es schaffen, den Milchfluss in Gang zu bringen, ohne dass du jemals getrunken hattest.

Dein Opa fuhr mich also nach Hause, aber zuerst noch bei einem Geschäft vorbei, wo man Milchpumpen ausleihen kann. Sowohl in der Entbindungsklinik als auch im Spital hat man mir deutlich gesagt, dass es fast ein Ding der Unmöglichkeit sei, unter solchen Umständen Milch zu produzieren, aber bevor ich es nicht selbst versucht hatte, ließ ich das nicht gelten.

Zu Hause angekommen, war ich zuerst mal ganz schön geschafft, aber ich war mir bewusst, dass ich ab nun noch viel mehr Kraft brauchen würde, um alles unter einen Hut zu bringen. Deine Geschwister brauchten ebenso meine Aufmerksamkeit wie du und außerdem durfte ich vor meiner eigenen Mutter keine Schwäche zeigen. Ich wusste, ich tat ihr furchtbar Leid und ich konnte voll auf ihre Unterstützung bauen.

Was ich nicht wusste, war, dass dein Opa unterdessen schon mit Papa telefoniert und ihm alles erzählt hatte. Er hatte deinem Papa auch gesagt, dass sein einziger Platz jetzt bei seiner Familie sei.

Da es so ernst um dich stand, war es das einzig Richtige sofort nach Hause zu fliegen. Dein Papa organisierte in Windeseile alles Nötige, bekam auch sofort einen Flug, aber leider erreichte er seinen Chef vor dem Abflug nicht mehr. Das erwähne ich deshalb, weil ich es mir vom Herzen schreiben muss, was mich seit damals so furchtbar kränkt. Als dein Papa zu Hause war und da ins Büro ging, um seine überstürzte Abreise zu erklären, waren die Worte seines Chefs: „Tja, mein lieber Herr K., da Sie um zweieinhalb Wochen zu früh Ihren Urlaub angetreten haben und das ohne Sondergenehmigung, werden Sie Ihren Flug selbst bezahlen, denn das geht ja nun wirklich nicht. Da könnte ja jeder kommen mit seinem kranken Kanarienvogel!"

Ich muss nicht extra erwähnen, dass es nicht die Kosten für das Ticket waren, die mich so geschmerzt haben, obwohl es damals für uns junge Familie viel Geld war. Aber ein sterbendes Kind mit einem kranken Kanarienvogel gleichzusetzen und einen nach Hause eilenden Vater mit einer Geldstrafe zu belegen, das konnte niemand verstehen.

Heute denke ich, dass so ein gefühlskalter Mensch auch einmal vor dem Herrgott stehen und für seine Handlungen zur Verantwortung gezogen wird. Aber ich gestehe, dass ich gerne dabei zusehen möchte. Auch wenn mir bewusst ist, dass solche Gedanken kleinlich sind, hin und wieder hab ich sie!

Morgen werde ich dir, mein Schatz, berichten, wie du zu deiner Nahrung kamst.

Ich liebe dich!!!

Bussi, Mutti

Mutterliebe ...

Alles im Leben ist vergänglich, mein Kind, aber die Liebe einer Mutter ist unvergänglich und sie bedingt nichts. Eine Mutter liebt ihr Kind, nicht, weil es so schön oder so klug ist, sie liebt es einfach und das für immer. Diese Liebe geht über den Tod hinaus und sie ist die schönste und reinste Erfahrung, die eine Frau machen kann.

Nachdem ich zu Hause etwas Ordnung in unser Leben gebracht hatte und abgesprochen war, wie wir die nächsten Tage organisieren würden, setzte ich mich in eine ruhige Ecke und packte diese abscheuliche Milchpumpe aus. Alleine schon das Geräusch des elektrischen Motors war grauenhaft und die komischen Schlürf- und Sauggeräusche beim Pumpen erheiterten mich nur bei deinen Geschwistern, denn die lagen ja damals als gesunde und fröhliche Babys neben mir, wenn ich wieder einmal zu viel Milch produziert hatte und deine Geschwister gar nicht so viel trinken konnten.

Diesmal war alles anders und ich musste versuchen, das Ganze erst mal in Schwung zu bekommen. Wenn noch niemand an der Brust gesaugt hat, dann ist das wirklich keine leichte Aufgabe!

Also pumpte ich und pumpte, bis mir fast schlecht war vor Schmerz, aber nach geraumer Zeit hatte ich

Erfolg! Die ersten Tröpfchen rannen ins Glas und was niemand gedacht hatte, brachte ich zustande. Ich war stolz und glücklich. Bereits am nächsten Morgen konnte ich mit einer vollen Milchflasche ins Krankenhaus fahren; die Schwestern waren begeistert und freuten sich mit mir. Auch wurde ich gebeten – da du ja gar nicht so viel zu dir nehmen konntest –, an die anderen Babys etwas abzugeben. Das tat ich von Herzen gerne. Ich habe im folgenden Monat die halbe Station miternährt: pumpen, pumpen und nochmals pumpen. Sicher, es hat geschmerzt, wenn auch mit der Zeit immer weniger. Doch meine Brust hat darunter gelitten; nach dem Abstillen brauchte es zwei Jahre, bis sie wieder in Ordnung war. Ich zog die Lehre daraus, dass man nicht einfach so schnell aufgeben darf, fast alles ist zu schaffen, wenn man es wirklich will.

Zu Hause setzte ich noch ein äußerliches Zeichen, das mir innerlich viel Kraft gab: Ich suchte im Kleiderschrank nach meinen engsten Jeans, zog sie an und nur drei Tage lang ging der Knopf nicht zu, dann war auch das geschafft. Auf die Waage brachte ich genau 49 Kilo und ich fühlte mich fit. Ich konnte es mir einfach nicht leisten, wie eine Trauerweide in weiter Kleidung herumzulaufen, ich musste kämpfen – um dich und unser Glück – und ich musste dir meine Kraft vermitteln. Dafür waren Jeans und Pulli für mich ein Zeichen. In dieser Zeit habe ich viel gebetet, wie viele Christen es hauptsächlich tun, wenn sie Hilfe benötigen. Gott, gib mir Kraft für fünf und mach mir mein Liserl wieder gesund. Hilf mir, das alles durchzustehen, bitte, bitte … So und ähnlich war ich fast am Dauerbeten.

Am zweiten Tag deines Lebens war keine Besserung eingetreten, aber auch keine Verschlechterung – das wertete ich als gutes Zeichen. Genauso wie mir die Nottaufe als böses Omen erschienen und ich deshalb so strikt dagegen war.

Heimlich gab ich dir homöopathische Kügelchen und massierte dir Bachblüten in Fuß- und Handflächen. Nur einer Schwester gab ich Bescheid und die bestärkte mich in meiner Meinung, dass man nichts unversucht lassen sollte, aber ich dürfe mich ja nicht erwischen lassen von den Ärzten. Denn diese hielten das alles für Humbug und meinten, man würde ihre Behandlung stören, was ich bis heute nicht verstehe. Denn wie kann etwas, das – nach Meinung der Ärzte – nicht wirkt, stören?

Die Schwestern waren ganz lieb und hilfsbereit. Mit einer freundete ich mich an und sie schenkte dir zum Abschied einen Hasen aus ganz weichem Plüsch, den ich noch heute habe.

Dein Papa kam am nächsten Tag und fuhr sofort vom Flughafen zu dir ins Krankenhaus. Dort streckte er seine großen Hände in den Brutkasten, streichelte dich und weinte, weil du – sein drittes Kind – gar so armselig und an so viele Schläuche angeschlossen da lagst. So bekam er dich das erste Mal zu Gesicht.

Die Ärzte waren zu diesem Zeitpunkt nach wie vor der Meinung, dass du nicht überleben würdest und wir waren so furchtbar traurig und erschüttert. Aber wir gaben die Hoffnung und den Glauben nie auf, den Glauben an uns als Familie, die fest zusammenhält und zu der du gehörst, und den Glauben an den lieben Gott, der das doch nicht zulassen kann, dass du so schnell wieder von uns gehst.

Die Hoffnung und der Glaube gaben uns die Kraft zu kämpfen – um dich, unser Kind.

In ewiger Liebe

    Deine Familie

Was bleibt ist die Erinnerung ...

... und die Liebe

Die Tage verstrichen, mir ging alles viel zu langsam, ich wollte dich am liebsten sofort mit nach Hause nehmen, um dich einfach mit meiner Liebe wieder gesund zu machen. Die Sehnsucht war so stark und schmerzlich. Auch wenn ich fast die ganze Zeit bei dir war, so fehlte doch die Intimität, das Zusammenkuscheln, all die Kleinigkeiten, die das Leben von Mutter und Baby ausmachen. Endlich erlaubte ich mir Gefühlsausbrüche und weinte und schimpfte, weil mich das Schicksal so schlug.

Damit konnte dein Papa aber gar nichts anfangen. Er hatte Druck von der Firma, zwei Kleinkinder zu Hause, dich krankes Töchterchen, und nicht immer waren wir uns gegenseitige Stütze und Trost. Es war einfach sehr viel für uns. Gut, dass wir die wenigen gemeinsamen Nächte hatten, wo Ruhe herrschte, wir uns gegenseitig festhielten und uns aufmunterten, so nach dem Motto: Wir stehen das alles irgendwie gemeinsam durch, komme, was wolle.

Nach einer Woche zeichnete sich ab, woran nur ich geglaubt hatte. Du warst außer Lebensgefahr und die Ärzte sprachen von einem Wunder. Sie konnten sich das nicht erklären.

Hatte uns Gott geholfen? Täglich saß ich stundenlang an deinem Bettchen, konnte dich nur mit den Händen berühren und versuchte alle Kraft, die ich hatte, durch meine Hände in dich fließen zu lassen. Es erforderte viel Konzentration: Ich stellte mir vor, Kraft, Gesundheit und Lebenswille seien wie ein zäher Strom aus Honig und dieser würde gebündelt aus meinen Armen in die Fingerspitzen laufen, dort, wo ich dich berührte, in deinen Körper eintreten und sich wieder wie Honig ausbreiten, deine kranken Organe umspülen und zu deiner Heilung beitragen.

Wenn ich dich verließ, war ich total erschöpft, meine Arme schmerzten und zogen. Es war so, als sei meine Kraft auf dich übergegangen.

Heute bin ich davon überzeugt, dass es wirklich mein Wille und meine Energie waren, die dich am Leben erhielten. Ich glaube, Gottes Plan wäre ein anderer gewesen. Ich maße mir nicht an, dass ich die Kraft haben könnte, Gottes Pläne zu durchkreuzen, aber ich bin sicher, er lässt uns oft die Wahl und ich habe den Kampf gewählt. Ich habe so sehr gekämpft um dich, dass ER nachgab. Damals habe ich das Leben und dessen Prinzip noch nicht verstanden, ich wusste noch nicht, dass es im Leben um das Annehmen geht.

Armut, Reichtum, Krankheit, Glück und Tod, was uns zuteil wird, sollen wir annehmen und lernen, damit umzugehen, damit zu leben. Klar, dass man Reichtum,

Schönheit und Glück gerne annimmt, aber wer will schon krank sein oder arm? Und wer kann von sich sagen, dass man den Tod eines geliebten Menschen leicht annehmen kann?

Für mich persönlich steht fest, hätte ich damals schon deinen Tod annehmen können und hätte ich nicht so viel persönlichen Willen eingesetzt, hättest du nur ganz kurz gelebt, so wie es für dich vorgesehen gewesen wäre. Ich war nicht demütig genug, dies zu verstehen und zu akzeptieren. Ich hoffe, du verzeihst mir und dein Leben an unserer Seite war trotzdem schön für dich. Ich bin froh, dass ich dich neun Monate lang genießen durfte, aber vielleicht war es eine eigennützige Entscheidung. Und auf die war ich auch noch stolz, ich glaubte, das Richtige zu tun. Ich habe dich hier festgehalten, in unserer Welt.

Wie auch immer, damals war ich glücklich, dich nicht mehr in akuter Lebensgefahr zu wissen, und ich war dem lieben Gott dankbar dafür.

Du solltest nur einen Flügelschlag lang zu uns gehören. Ich habe versucht, den Schmetterling festzuhalten – und eine Zeitlang ist mir dies auch gelungen. Aber darf man Schmetterlinge aufhalten?

Diese Frage stellt sich ... deine Mutti

Für Lisa-Christina

Nach über einer Woche konntest du den Brutkasten verlassen, du musstest nicht mehr beatmet werden, wurdest aber noch immer über eine Magensonde ernährt und an deinem Köpfchen hing eine Infusionsnadel, über die du die Medikamente erhieltest. Aber ich durfte dich aus deinem Bettchen nehmen und dich ganz behutsam an mich drücken.

So verbrachten wir Stunden miteinander, ich sang dir etwas vor, durfte dich wickeln und war selig. Du würdest es schaffen und allmählich stellten die Ärzte so nach und nach fest, dass du völlig genesen würdest und deine Organe keinen Schaden genommen hatten. Meine ewige Fragerei muss den Ärzten wohl schon lästig geworden sein, aber ich wollte unbedingt wissen, wann ich dich endlich mit nach Hause nehmen dürfte.

Nach einem Monat Krankenhausaufenthalt war es endlich soweit. Nach der Abschlussuntersuchung freute sich die ganze Abteilung mit mir – du warst ganz gesund!

Die Ärzte und Schwestern gratulierten uns und sagten mir auch, dass du es hauptsächlich mir zu verdanken hättest, dass dieses Wunder geschehen konnte. Ich hätte dich so festgehalten in dieser Welt und dir die Kraft zum Überleben gegeben. Wir alle, deine Familie, waren selig und ich besorgte die hübscheste Babywäsche, die ich finden konnte, um mit dir diesen Siegeszug nach Hause anzutreten.

Deine Geschwister liebten dich von der ersten Sekunde an und waren nie eifersüchtig. Wir haben sie in deine Pflege voll integriert und sie kümmerten sich dein ganzes Leben rührend um dich.

Zu Hause habe ich dich das erste Mal gestillt und du warst geschickt, hast gleich verstanden, wie es funktioniert und du hast bis zum 7. Monat ausschließlich diese Nahrung bekommen. Du warst kein kompliziertes Baby und obwohl ich dich immer genau beobachtet habe, konnte ich keinen Unterschied zu deinen Geschwistern im Babyalter feststellen. Du hattest hin und wieder Schnupfen, aber sonst warst du pumperlgesund.

Dein Papa war längst wieder in Costa Rica und im Nachhinein waren wir mit unserer Entscheidung zufrieden, nicht dort deine Geburt erlebt zu haben. Wer weiß, was dort passiert wäre! Papa und ich telefonierten häufig miteinander und unser Leben lief recht problemlos.

Verglichen mit dem Stress, den ich hatte, als du im Spital warst, kam es mir direkt wie Erholung vor, euch drei kleinen Mäuse unter einem Dach hüten zu können. Wir führten ein ganz normales Leben und außer, dass dein Papa nicht bei uns war, fehlte uns nichts. Die Omas kamen zu Besuch und spielten mit euch, ich traf mich mit Freundinnen, die selber Kinder hatten, und ich vergaß nie, dem Herrgott täglich für meine drei gesunden Kinder zu danken.

Wie alle meine Kinder wurdest du nur mit viel Schmusereien verwöhnt, wir machten lange Spaziergänge und als Papa im Herbst wieder für einige Tage bei uns war, trafen wir ein junges Paar, das auch zwei Kinder hatte. Papa kannte den Mann von früher, vom Sport, die Frau kannten wir beide nicht. Wir schauten gegenseitig in unsere Kinderwagerl und kamen drauf, dass du und der kleine Bub dieser Familie nur ein paar Tage auseinander geboren seid.

Dann fanden wir heraus, dass wir in der gleichen Klinik entbunden hatten und schließlich fragte mich die Frau, ob ich wohl diese Mutter sei, von der sie auf der Entbindungsstation gehört hatte, die mit dem kranken Mädchen, die am selben Tag noch die Klinik verließ, um bei ihrer Tochter zu sein.

Man hatte viel über mich gesprochen und da wir dieselbe Hebamme hatten, die mich Tage danach noch zu Hause betreut hatte, wusste sie recht gut Bescheid. Wir haben uns auf Anhieb sympathisch gefunden, ich lud sie zum Kaffee zu uns ein und daraus sollte eine tiefe, innige Freundschaft werden. Es war uns, als kannten wir uns ein Leben lang und diese Frau, meine Freundin Martina, sollte mich später durch die fürchterlichen Untiefen meines Lebens begleiten. Sie war es, die mir eine Glückwunschkarte zu deinem 1. Geburtstag schrieb, obwohl du da schon nicht mehr unter uns warst. Sie war es, die mit viel Feingefühl in den schmerzenden seelischen Wunden rührte und mich dazu brachte, meine innersten Gefühle auszusprechen. Sie vergisst nie, zu deinem Grab zu gehen und sie bringt die hübschesten Kleinigkeiten dort hin. Dann weiß ich, sie tut es für dich und sie tut es für mich, um mir zu zeigen, dass auch andere Menschen dich nicht vergessen haben. Dafür bin ich ihr unendlich dankbar.

Mehr aus deinem viel zu kurzen Leben berichte ich dir morgen.

Schlaf gut, wo immer du auch bist. Schläft man dort überhaupt?

Mama

Du hübsches, liebes Kind ...

Wenn dein Bruder aus dem Kindergarten nach Hause kam, dann war sein erster Weg zu dir. Er schleppte dich auf sein Bett und spielte dort mit dir, herzte und küsste dich. Er hatte eine Engelsgeduld, um dir etwas zu zeigen. Und als du greifen lerntest, wurde er niemals müde, dir die Dinge, die dir aus der Hand fielen, wieder aufzuheben. Er trug dich in der Wohnung herum, erzählte dir Geschichten aus dem Kindergarten und sang dir Lieder vor. Du hast ihn dafür angestrahlt und ihn nicht aus den Augen gelassen. Sobald er im selben Zimmer war, hast du gelacht und gegluckst vor Freude. Es war eine gegenseitige Liebe.

Deine Schwester war zwar erst zweieinhalb Jahre alt, aber so geschickt mit dir. Sie passte auf, damit du nichts verschlucken konntest, was nicht dafür bestimmt war. Ich konnte ihr zwar nicht erlauben dich zu tragen, aber im Sitzen durfte sie dich halten, was zur Folge hatte, dass sich Nina ständig auf den Boden setzte und dich auf ihren Schoß zog. Sie versuchte, dir Bilderbücher „vorzulesen" und hatte damals schon eine rege Fantasie. Sie turnte mit dir herum, kitzelte dich und küsste dich von früh bis spät.

Für deine Geschwister warst du das beste Spielzeug. Wenn sie auch miteinander stritten, so wurdest du davon nie berührt. Allen Menschen, die euch drei kannten, fiel diese besondere Art auf, wie sie mit dir umgingen. Heute denke ich, dass Kinder vielleicht mehr ahnen und fühlen. Konnten sie spüren, dass du bald ein Engel sein würdest? Und wollten sie dir deshalb nur Liebe schenken?

So gegen Weihnachten zeichnete sich die endgültige Heimkehr deines Vaters ab und wir konnten es schon nicht mehr erwarten, wieder eine richtige Familie zu sein. Es würde herrlich werden!

Meine eigene Mutter, deine Oma, verbrachte damals fast jede Minute, in der sie nicht arbeiten musste, an unserer Seite. Ich erledigte einen Großteil der Einkäufe, wenn sie auf euch aufpasste. Zum Frisör oder zum Arzt ging ich auch, wenn sie da war, dann brauchte ich euch nicht mitzuschleppen und ihr drei hattet es lustiger zu Hause mit Oma, die eine recht vergnügte und tatkräftige Person ist. Da es zu dieser Zeit deiner anderen Oma gesundheitlich nicht allzu gut ging, war neben mir und deinen Geschwistern hauptsächlich deine Evi-Oma die Bezugsperson für dich. Dich kannte sie in diesem Babyalter besser als ihre anderen zwei Enkelkinder und wenn du mal krank warst und Fieber hattest, dann trug sie dich stundenlang auf ihrem Arm herum, damit ich meine Aufmerksamkeit deinen Geschwistern widmen konnte.

Was uns zu unserem Glück fehlte, war der Papa, aber das war ja nur mehr eine Frage von wenigen Wochen und dann würde er endgültig bei uns sein. Wir würden ihn nie mehr weglassen, so ein Jahr der Trennung wollte ich nicht mehr erleben. Es war so viel passiert in diesem Jahr und ich war zu viel alleine mit meiner Verzweiflung, mit Entscheidungen, die anstanden, und schließlich mit den drei Kindern. Das sollte bald ein Ende haben! Ich blickte guten Mutes vorwärts und dachte, dass wir das Gröbste geschafft hätten.

Mit dem Beten habe ich aber nicht aufgehört, aber statt der Bitten waren es jetzt Dankgebete – ich war jeden Tag für euch drei Kinder dankbar.

Jetzt ein Bussi auf deine winzige Nasenspitze – bis morgen!

  Mama

Du fröhliches Baby!

In der Früh, wenn wir alle aufwachen, war der erste Weg deiner Geschwister immer zu dir. Sie kletterten in dein Gitterbettchen und während ich das Frühstück machte, konnte ich euch drei lachen und glucksen hören. Das waren die schönsten Momente in meinem Leben.

Wenn Alex und Nina spielten, fragten sie mich immer, wohin sie dich legen könnten, damit du zusehen konntest. So bist du meistens auf einer Decke am Boden herumgekugelt, weil es da für dich am sichersten war und du nicht hinunterfallen konntest. Wenn die beiden etwas aßen, kam immer die Frage: „Und kann die Lisa da auch kosten?" Manchmal durften sie dich füttern und wickeln.

Da es in den letzten Augusttagen noch recht heiß war, gingen wir alle ins Freibad. Im Herbst machten wir lange Spaziergänge, aber das gefiel dir weniger. Du wolltest absolut nicht im Kinderwagen sein und brülltest ganz fürchterlich. Das blieb bis zu deinem Tod so, wir mussten dich meistens tragen, den Kinderwagen hast du gehasst.

Als der Schnee kam, zogen wir auf die Übungsschiwiese – Alex fuhr Schi, Nina war mit dem Schlitten unterwegs. Wenn die Oma mit war, dann hatte sie dich wie ein Känguru vorne im warmen Pelzmantel –

das hast du genossen. Wir unternahmen viel, es waren lustige Zeiten. Als dann Papa kurz vor Weihnachten endgültig nach Hause kam, waren wir endlich wieder eine richtige Familie. Wir haben euch drei genossen und auch unsere eheliche Zweisamkeit.

Einige Freunde sagten uns, dass sie für uns gehofft hätten, dass die schweren Zeiten mit Krankheit und Trennung bald vorübergehen mögen. Alle freuten sich mit uns und wir waren einfach selig.

Wer es nicht selbst erlebt hat, durch so harte Zeiten zu gehen, der weiß nicht, was man empfindet, wenn's einem wieder gut geht. Wir erlebten vieles bewusster, freuten uns über sonnige Morgen, über gemeinsame Abende, die für andere selbstverständlich sind, wir genossen unser neues Glück und ich vergaß nie, dem Herrgott zu danken, dass er uns wieder so selig gemacht hatte. Für uns waren Zweisamkeit und die gesunden Kinder nicht selbstverständlich.

Die Weihnachtsfeiertage waren besonders schön, Papa hatte Urlaub und ich erinnere mich, dass ich mit stolzgeschwellter Brust hinter oder vor euch lief, denn Papa schob den Kinderwagen und es würde mir nicht wieder passieren, dass ein ältere Dame zu unserem Sohn sagte: „Du armes Hascherl, deine Mama hat schon so viele Kinder und noch alleweil keinen Papa dazu!" Das ist nämlich im Herbst einmal passiert und ich war damals wirklich zornig. Auch wenn es gestimmt hätte, sagt man das doch nicht zu einem Fünfjährigen!

Dein Vater würde nicht mehr so schnell im Ausland arbeiten und er musste nur noch einmal für 10 Tage nach Costa Rica. Das würde im Februar sein, aber nur 10 Tage, das war ja geradezu lächerlich! Es stand uns eine schöne, ruhige Zeit ins Haus, wir konnten uns auf einen Frühling und Sommer freuen, wo wir tun und lassen konnten, was wir wollten. Alex würde erst im kommenden Herbst zur Schule gehen und damit würde wieder ein neuer Abschnitt im Leben der Familie beginnen.

Einmal im Monat mussten wir beide, du und ich, zu einer Kontrolluntersuchung ins Spital und das war immer recht nett. Die Ärzte und Schwestern kannten uns schon und du wurdest jedes Mal ganz herzlich begrüßt. So in der Art: „Ja, unsere kleine Lisa-Maus ist wieder da, unser Wunderkind. Prächtig schaust aus und so brav und fröhlich."

An all die Untersuchungen kann ich mich gar nicht mehr erinnern, denn es waren unzählige. Vom Herzultraschall bis zu Hör- und Sehtests war einfach alles dabei. Jedes Mal wurde mir mit fast ungläubigem Staunen bestätigt, dass du völlig gesund seist.

Ende Jänner war dann die große Abschlussuntersuchung und am Ende gratulierten uns alle aufs herzlichste. Es wurde mir gesagt, dass du nicht mal einen

Entwicklungsrückstand hättest, was normal gewesen wäre. Denn die Wochen, die du zu früh zur Welt kamst, und den einen Monat auf der Intensivstation müsste man eigentlich bei der Entwicklung abziehen. Natürlich holen das die Kleinen alles wieder auf, aber du warst besonders schnell dabei. Du warst ein völlig gesundes und normales 8 Monate altes Baby.

Der Chefarzt sagte mir, dass er niemals gedacht hätte, dass es so gut ausginge und dass er nicht an deine Genesung geglaubt hatte. Er sah schon Babys, die mit demselben Infekt zur Welt kamen, die aber weit nicht so schwer daran erkrankt waren wie du, und viele sind nach ein paar Tagen oder Stunden gestorben. Wie schon erwähnt war bei dir jedes Organ schlimm befallen, nur das Herz und das Gehirn nicht, und kein einziges der befallenen Organe trug einen Schaden davon, es war wirklich ein Wunder.

Ganz zum Schluss meinte er noch: „Es ist eigenartig, aber das, was wir erwartet haben, nämlich ein plötzliches Aussetzen der Atmung, was viele zu früh geborene Kinder trifft, das hat sie niemals gehabt."

Natürlich lagst du im Spital auf einer dieser Spezialmatten, die Alarm schlagen, wenn die Atmung aussetzt. Aber als ich dich damals nach Hause holte, meinten die Ärzte, diese würde ich nicht brauchen, denn es sei kein einziges Mal passiert, dass mit deiner Atmung etwas nicht in Ordnung gewesen wäre.

Jedenfalls warst du mit acht Monaten sicherlich eines der am besten untersuchten Kinder. Es gab ein sehr herzliches Verabschieden von allen in der Klinik und ich musste versprechen, hin und wieder vorbeizuschauen, sie wollten dich einfach wiedersehen!

Bevor ich endgültig ging, entschlüpfte mir noch lächelnd dem Arzt gegenüber, der damals deine sofortige Nottaufe vorgeschlagen hatte: „Übrigens, ich wollte Ihnen noch schnell einige Fotos von Lisas Taufe zeigen, sind Sie interessiert?" Er war es und verstand mich auch und so händigte ich ihm einige Bilder aus, auf denen du bei deiner Taufe zu sehen warst. Wir ließen dich wie versprochen in unserer Stammkirche taufen und es war eine wunderschöne Feier, die für mich natürlich viel mehr bedeutete als jede andere Taufe vorher. Deine Taufpatin war schon meine Taufpatin und sie war die Jahre zuvor an Krebs erkrankt. So fand ich, dass ihr gut zueinander passt – zwei, die um ihr Leben kämpften und gewannen.

An das Nachhausekommen nach der Schlussuntersuchung kann ich mich deshalb so gut erinnern, denn jetzt endlich hatte ich den Beweis: Schwarz auf weiß stand im Abschlussbericht, dass du völlig gesund warst, und wir waren alle überglücklich.

Es ist gut, dass man nicht in seine Zukunft sehen kann und dass an diesem Glückstag niemand geahnt hat, dass dich die Ärzte in der Klinik nur wenige Wochen später wiedersehen würden – am Obduktionstisch, tot.

Es ist mir bis heute ein Rätsel, wie mir mein schrecklicher Traum von meiner toten Tochter so völlig entfallen konnte. Aber seit ich gewusst hatte, dass ich wieder schwanger bin, hatte ich nie, nie wieder daran gedacht, Gott sei Dank! Auch nicht, als du so krank warst. Es war, als hätte es ihn nie gegeben.

Wie sagt man, Träume sind Schäume? Nicht immer!

Alles Liebe

    Mutti

Vom größten Glück in das Unfassbare ...

Von Dezember bis Mitte Februar führten wir ein so geregeltes Familienleben, dass es eine reine Freude war.

Dein Papa lernte dich endlich besser kennen und es war schön, euch zwei beim Schmusen zuzusehen. In dieser Zeit versuchte ich dich abzustillen, aber das war schwieriger, als ich dachte. Du wolltest um keinen Preis auf meine Brust verzichten, aber letztendlich schafften wir es. So konnte dich auch mal Papa füttern oder deine Geschwister.

Es waren so herrliche Wochen! Dass Ende Februar dein Vater nochmals für 10 Tage nach Costa Rica reiste, konnte unser fröhliches Glück nicht trüben. Weiterhin unternahmen wir Ausflüge ins Grüne und hatten viel Spaß.

Leider hattest du diesen Winter öfter eine Verkühlung, ab und zu Fieber und auch Durchfall. Aber es waren nur die üblichen kleinen Wehwehchen, die Säuglinge halt hin und wieder haben. Dennoch nahm ich mir viel Zeit für deine Pflege und hütete dich besonders gut. Wir trugen dich dann viel herum und sangen dir vor. Einschließlich der Omas waren wir ja alle ganz vernarrt in dich.

Dein Papa kam Anfang März von seinem letzten Costa-Rica-Aufenthalt zurück, seine Arbeit war abgeschlossen und da das letzte Jahr auch für ihn unglaublich anstrengend gewesen war – physisch wie psychisch –, sah er etwas erholungsbedürftig aus. Aber ich war mir sicher, dass ich ihn schon wieder aufpäppeln würde. Es kam anders.

Einige Tage erst war er wieder bei uns, als er am Morgen mit rasenden Kopfschmerzen erwachte. Er blieb im Bett; ich rief in der Firma an und meldete ihn krank, weil er dazu selbst nicht in der Lage war. Ich machte mir ernstliche Sorgen, denn das war noch niemals vorgekommen. Er wollte jedoch keinen Arzt aufsuchen und meinte, eine Schmerztablette würde genügen.

Um es vorwegzunehmen, die Tabletten nützten nicht, das Kopfweh blieb und gegen Abend rief ich dann doch den Arzt. Der kam zwar, fand aber nichts, verschrieb stärkere Tabletten und meinte, am nächsten Tag würde es besser sein. Das Gegenteil war der Fall, es war noch schlimmer. Nach einer Schmerztablette war dein Papa aber imstande, sich anzuziehen und selbstständig einen anderen Arzt aufzusuchen.

Dieser konnte wieder nichts feststellen, schickte ihn aber vorsichtshalber zu einem Hals-Nasen-Ohren-Arzt, um diesen Bereich genauer zu untersuchen. Wieder wurde nichts festgestellt, die schrecklichen

Schmerzen schienen dem Arzt aber so verdächtig, dass er Papa weiterverwies an einen Neurologen. Es muss schlimm gewesen sein, mit diesen Schmerzen auf so eine Odyssee geschickt zu werden. Der Neurologe führte verschiedene Tests durch, bis er auf einen verdächtigen Ausschlag auf der Kopfhaut stieß.

Dann war schnell alles geklärt: Dein Vater hatte Gürtelrose am Kopf, was nicht ungefährlich war, aber er weigerte sich ins Spital zu gehen. Er wollte uns nicht alleine lassen und so kam er – nun mit den richtigen Medikamenten – nach Hause. Mir wäre es zwar lieber gewesen, er wäre ins Spital gegangen, aber dein Papa meinte, jetzt sei es endgültig genug mit dem Wegsein, er werde daran schon nicht sterben. Er ziehe es vor, uns um sich zu haben, da würde er am schnellsten wieder gesund.

Also legte er sich völlig erledigt ins Bett und glaubte, dass nun mit der richtigen Behandlung alles schnell vorüber sein werde. Zum einen ist Gürtelrose aber niemals ganz schnell wieder gut und zum anderen kam alles noch viel schlimmer.

Am nächsten Tag fühlte sich dein Papa so unsagbar schlecht und hatte nach wie vor rasende Schmerzen. Er sah schrecklich aus und entschied, dass er doch ins Krankenhaus gehen würde. Wieder mal war ich verzweifelt, denn meinem Mann, den ich so liebte, ging es furchtbar schlecht. Außerdem war ich, was

Krankheit und Spital betraf, recht sensibel und dachte: „Hört denn das nie auf bei uns, mir reicht's jetzt schön langsam!"

Im Spital wurden sogleich einige Tests gemacht und es stand bald fest, woran der Papa litt. Er hatte zusätzlich zur Gürtelrose eine schwere Gehirnhautentzündung, die nicht nur schmerzhaft, sondern auch sehr gefährlich war. Selbst die Ärzte waren etwas betroffen, denn das Leben eines jungen Mannes und dreifachen Vaters stand auf dem Spiel. So ganz die Wahrheit sagte man uns allerdings erst, als er über dem Berg – das heißt außer Lebensgefahr – war und das war auch gut so, denn ich hätte mich schrecklich aufgeregt, hätte ich es vorher gewusst. Es war auch so schwer genug und ich machte mir große Sorgen.

Nach einer Woche Aufenthalt im Spital stand zwar fest, dass die Lebensgefahr gebannt war und dass keine Gehirnschäden zurückbleiben würden, aber ständiges Kopfweh und entsetzliches Jucken auf der Kopfhaut könnten von Dauer sein.

Dein Vater war sehr schwach und bekam starke, dämpfende Medikamente. Ich besuchte ihn jeden Tag und jeden zweiten Tag nahm ich auch euch drei mit, um ihn aufzuheitern. Die behandelnden Ärzte fanden das gut und ermunterten uns zu kommen. Alles in allem war er noch lange nicht gesund, aber wie immer blickte ich voller Zuversicht in die Zukunft, dass wir gemeinsam auch diese Hürde noch schaffen würden und dass dann auf längere Zeit Frieden in unser Leben einkehren würde.

Im letzten Jahr war ja wirklich ziemlich viel passiert: Während du noch auf der Intensivstation gelegen warst, hatte sich dein Bruder bei einem kleinen Unfall die Wange zerschnitten und es war viel Glück dabei, dass nicht das Auge betroffen war. Auch diese Wunde musste genäht werden – wieder einmal ins Spital! Danach hatte sich deine Schwester die Hand gebrochen. So kann ich wohl sagen, dass dieses Jahr „spitalsmäßig" schon anstrengend war. Aber mein Optimismus verhalf mir und uns allen immer wieder dazu, in allem auch etwas Positives zu sehen.

Ich war sehr dankbar, dass dein Papa seine Erkrankung nicht nur überlebt hatte, sondern auch keine bleibenden Schäden davontragen würde. Um das Kopfweh und das Jucken würden wir uns später kümmern!

Als Papa seit einer Woche im Spital lag, bekamst du eines Abends plötzlich Fieber und einen Ausschlag. Am nächsten Tag brachte ich dich zu unserem Kinderarzt und der bestätigte meinen Verdacht auf Windpocken. Du warst am ganzen Körper rot getupft und hattest ein wenig erhöhte Temperatur. Der Arzt erklärte mir, dass dafür der gleiche Virusstamm verantwortlich sei wie für die Gürtelrose und dass man davon ausgehen könne, dass du dich bei Papa angesteckt hattest. Aber nachdem er dich gründlich untersucht hatte, meinte er, dass es nicht schlimm wäre, weil du sonst ja pumperlgesund seist. Windpocken kriegt schließlich jeder einmal und da deine Geschwister erst im Vorjahr daran erkrankt waren, wusste ich, wie die Krankheit abläuft, und machte mir auch keine Sorgen.

An diesem Tag nahm ich dich natürlich nicht mit ins Krankenhaus, sondern ließ dich in Omas Obhut zu Hause. Die trug dich den halben Nachmittag herum, weil du ein wenig quengelig warst, wahrscheinlich hat dich der Ausschlag gejuckt! Es war aber nicht dramatisch und ich erzählte Papa nicht besorgt, sondern schmunzelnd von deinen Windpocken und dass er dich vielleicht angesteckt habe.

Wieder zu Hause versorgte ich die Kinder, die Oma ging nach Hause und ich brachte euch drei zu Bett. Du hattest kein Fieber mehr und die Lotion für deinen Ausschlag dürfte den Juckreiz genommen haben, da du schon wieder recht zufrieden warst und gegluckst und gelacht hast. Dein Abendfläschchen hattest du bereits getrunken, ich legte dich in dein Gitterbett und hab dort noch mit dir geschmust.

Du mochtest das Spiel besonders gerne, wenn ich so tat, als würde ich das Zimmer verlassen. Dann kehrte ich wieder um, stürzte an dein Bettchen und küsste dich in deinen kleinen, dicken, weichen Hals und rief: „Nein, die Mami kann noch nicht gehen, die muss dir noch gaaaaaanz viele Bussi geben." Da hast du immer so gelacht und dieses Spiel haben wir auch an diesem Abend noch einige Male gespielt. Dann bist du friedlich eingeschlafen, ich hab noch ein wenig ferngesehen, aber nicht mehr lange, ich war auch müde.

Bevor ich ins Bett ging, schaute ich noch zu jedem meiner drei Mäuschen, ob sie gut schliefen, nicht zu wenig oder zu viel zugedeckt seien … Es war alles in Ordnung und nach einem letzten Gutenachtkuss ging ich zu Bett.

Wenn Papa nicht da war, hatte ich immer einen sehr leichten Schlaf und hörte jeden Mucks der Kinder. Nina und Alex bewohnten gemeinsam ein Zimmer, du ein eigenes, aber von beiden Kinderzimmern stand die Türe in der Nacht immer sperrangelweit offen und die von unserem Schlafzimmer auch, um ja nichts in der Nacht zu überhören.

Aber der Tod kommt auf leisen Sohlen und schlich sich unbemerkt zu dir.

Als ich in der Früh aufwachte, war noch alles ganz ruhig in der Wohnung und so wollte ich mir als Erstes die Zeitung, die morgens immer vor der Türe liegt, holen. Dabei kam ich an deiner offenen Kinderzimmertüre vorbei und – ich kann es nicht erklären, aber mich beschlich ein so eigenartiges Gefühl – ich schaute doch zuerst nach dir. Dein Köpfchen konnte ich nicht sehen, ich erschrak: Hattest du dich unter die Decke gewühlt? Ich zog die Decke weg und da lagst du, eigentlich recht friedlich. Bis auf dein blau angelaufenes Gesichtchen sahst du aus, als ob du schliefest, aber ich wusste sofort, du warst tot.

Ich schrie gellend (so erzählten es die Nachbarn) und hatte das Gefühl, mir zöge jemand den Boden unter den Füßen weg. Da gab es kein Verdrängen, ich wusste von der ersten Sekunde an die volle Wahrheit. Mein Kind ist gerade gestorben und es wird nicht mehr lebendig. Wohl versuchte ich noch eine Mund-zu-Mund-Beatmung, aber gleichzeitig wusste ich um die Sinnlosigkeit dieses Unterfangens.

Du warst von uns gegangen und du würdest nie mehr wieder bei uns sein. Nie mehr dein Lachen hören, nie mehr deine weiche Haut küssen, nie würde ich aus deinem Mund „Mama" hören – aus vorbei – Ende.

Und doch, von der ersten Sekunde an habe ich deine Seele gespürt, wie ein weiches warmes Kissen lag sie auf meiner Schulter, als ob sich dort deine Energie gebündelt hätte.

Und irgendwie war es mir, als würdest du mir zuflüstern: „Nicht so traurig sein, Mama!" Ich trug deinen kleinen, toten Körper ganz fest an mich gedrückt herum und wusste doch, dass das nicht mehr du bist, du hattest ihn schon verlassen. Aber ich liebte ja auch deinen Körper, dein Gesicht, deine Händchen, dein weiches Haar, einfach alles …

Nichts würde je wieder so sein wie zuvor, meine Welt war gerade eingestürzt und stürzte noch weiter und weiter und weiter, kein Stein blieb auf dem anderen, ich wollte mich auflösen …

    Mama

An meinen Engel

Deine Geschwister kamen natürlich sofort angerannt bei meinem Geschrei und ich schickte sie auf der Stelle in ihr Kinderzimmer. Wie schrecklich müssen sich die zwei gefühlt haben, als ihre Mama so schrie und in der Wohnung herumrannte – das Baby an sich gepresst! Der vernünftige Alexander hat sicher gemerkt, dass etwas Furchtbares passiert sein musste, aber er hat seine Schwester stillschweigend an der Hand genommen, ist mit ihr ins Kinderzimmer und hat ein Bilderbuch „vorgelesen".

Dich brachte ich dann wieder zurück in dein Zimmer und legte dich dort auf ein großes Kissen. Ich stürzte zum Telefon und verständigte den Notarzt. Dann rief ich den Papa im Spital an: Bis ich ihn sprechen konnte, verging eine Weile, denn die Schwester wollte ihn nicht zum Telefon lassen. Sie war der Meinung, er sei zu schwach und dürfe nicht aufstehen.

Letztendlich brüllte ich sie an mit den Worten: „Unser Kind ist gerade gestorben und mir ist egal, wie sich mein Mann fühlt, ich will mit ihm reden." Daraufhin erwiderte sie nur: „Sofort", und dann war es lange sehr still in der Leitung. Mittlerweile schlichen deine Geschwister wieder aus ihrem Zimmer und sofort zu dir. Ich ließ den Hörer fallen, lief ihnen nach und verscheuchte sie wieder, denn ich wollte auf keinen Fall, dass sie dich mit dem blau angelaufenen Gesichtchen sehen, sie sollten dich so in Erinnerung behalten, wie sie dich kannten. Dann stürzte ich wieder zum Telefon und endlich hatte ich deinen Papa in der Leitung. Ziemlich gefasst erklärte ich ihm, dass du tot bist und wie sich das am Morgen abgespielt hatte.

Daraufhin meinte er nur ganz gelassen, ich solle mich nur ja nicht aufregen, das würde schon wieder werden. Ich konnte es nicht fassen. Verstand er denn nicht? Nochmals wiederholte ich das Gesagte und wieder kam die gleiche Antwort.

In diesem Augenblick war ich der einsamste Mensch auf Erden, ich fühlte mich verlassen und unendlich traurig. Hatte ich jetzt meinen Mann auch verloren? War er nicht mehr ganz richtig im Kopf? Um es vorwegzunehmen, er stand derart unter beruhigenden Medikamenten, dass er zu keinem klaren Gedanken fähig war und meine Meldung, an die er sich später auch nicht mehr erinnern konnte, drang gar nicht zu ihm durch.

Das wusste ich aber zu diesem Zeitpunkt noch nicht, ich wusste nur, dass jetzt wieder einmal alles an mir hing, dass ich mir von dieser Seite keine Hilfe erwarten durfte. Am liebsten wäre ich auch auf der Stelle gestorben. So stand ich wie gelähmt beim Telefon und wartete, dass etwas passieren würde. Kinder lachen von draußen riss mich aus meiner Erstarrung und ich begriff, dass sich die Welt da draußen weiterdrehte, nur meine eigene war gerade eingestürzt.

Der nächste Schritt war, dass ich wieder zu dir ins Zimmer ging, dich auf den Arm nahm und anfing, mich von dir zu verabschieden.

Ich küsste dich, drückte dich an mich und fragte erstmals ganz laut: „WARUM?????"

Dann kamen schon die Nachbarn gelaufen, aber Gott sei Dank auch gleichzeitig der Notarzt und so musste ich keine Erklärungen abgeben. Zwei Rettungsmänner und eine junge Ärztin legten dich ganz behutsam im Wohnzimmer auf das Sofa und ich war dankbar, dass sie so zärtlich mit dir umgingen.

Die Untersuchungen begannen sofort, die Wiederbelebungsmaßnahmen auch. Ich fragte sie, ob sie denn nicht sehen könnten, dass es sinnlos sei. Da umarmte mich die Ärztin und meinte, ja schon, aber es wäre ihre Pflicht. Als sie dir die Elektroden aufsetzten, um dich mit Elektroschock zum Leben zu erwecken, da wusste ich es!

Das kannte ich, ich wusste, was jetzt kommt, es war mein Traum! Da war er, genau so hatte ich es gesehen und wie durch eine Erleuchtung wusste ich: So war es bestimmt, von Anfang an, es lief alles total gleich ab in der Realität wie in meinem Traum. Du warst also diese Tochter, die ich wieder verlieren sollte. Mein

Unterbewusstsein war so gnädig und hatte mich diesen Traum vergessen lassen, bis jetzt, wo er Wirklichkeit geworden war.

Nachdem alle weiteren Versuche dich zum Leben zu erwecken wegen Erfolglosigkeit abgebrochen wurden, fragte mich die Ärztin, ob ich mich noch von dir verabschieden möchte, denn sie würden dich mitnehmen. Ich setzte mich zu dir aufs Sofa, streichelte dich und küsste dich ein vorletztes Mal (das allerletzte Mal küsste ich dich, als du in deinem kleinen weißen Sarg lagst). Dann wurdest du behutsam in eine Decke gewickelt und das Rettungsteam nahm dich mit.

Der übliche Weg wäre gewesen, die Kriminalpolizei zu verständigen, die dann alles aufgenommen und fotografiert hätte, und dann erst wärst du von zu Hause weggebracht worden. Die Ärztin hat da einiges auf sich genommen und ich bin ihr heute noch unendlich dankbar für diese Couragiertheit und diesen Mut, die mir und deinen kleinen Geschwistern sehr viel Leid ersparten. Durch die Obduktion würde ja erwiesen werden, woran du gestorben bist.

Natürlich fragte ich die Ärztin, ob sie wüsste, was die Todesursache sei, ob du erstickt seist. Sie denke eher an den plötzlichen Kindstod, meinte sie, aber Genaueres würde man erst bei der Obduktion erfahren. Dieses Wort alleine schon jagte mir kalte Schauer über den Rücken, denn ich wusste, man würde deinen kleinen Körper aufschneiden, alle Organe untersuchen und diese Vorstellung drehte mir das Herz im Leibe um. Den Körper, den ich gehegt und gepflegt hatte, nein, es war ein grausiger Gedanke!

Bevor die Sanitäter endgültig gingen, verabreichten sie mir noch eine Beruhigungstablette und empfahlen dringend, dass ich nicht alleine blieb. So versprach ich ihnen, sofort eine Freundin und meine Mutter anzurufen, was ich auch tat.

Meine Mutter war nicht erreichbar, da sie auf dem Weg ins Büro war und so telefonierte ich mit meiner Freundin Martina, deren Baby gleich alt war, und erzählte ihr, was vorgefallen war. Natürlich war sie erschüttert, aber sogleich auch bereit mir zu helfen, was immer ich brauchte. Im Moment brauchte ich am meisten jemanden, der mich anhörte, verstand und da war ich bei ihr in jedem Fall richtig.

Danach rief ich meine Freundin Margit an und diese setzte sich spontan ins Auto und raste zu mir. Als Lehrerin kann sie nicht einfach zu ihrer Arbeit zu spät kommen oder weggehen, aber sie regelte alles kurz entschlossen und 10 Minuten später war sie da. Endlich ein Mensch, der mir nahe stand, der mich umarmte und mit mir weinte! Auch sie tatkräftig, gab sie deinen Geschwistern etwas zu essen und zog sie an, da sie ja noch immer im Pyjama waren. Margit meinte, sie würde mit mir gemeinsam auf meine Mutter warten und dann die Kinder kurzerhand mit in die Schule nehmen. Das war eine riesige Erleichterung für mich, da ich mich im Moment wirklich nicht um sie kümmern konnte. Bevor Margit bei mir eintraf, hatte ich endlich meine Mutter erreicht und es war ein furchtbares Gespräch, denn sie tat mir so Leid, als ich ihr deinen Tod mitteilen musste. Natürlich setzte sie sich sofort in Bewegung, um zu mir zu kommen.

Als sie da war, ging meine Freundin mit Alex und Nina in die Schule – das war die perfekte Ablenkung für die beiden.

Es kam so plötzlich. So oft musste ich mich in der Zeit deiner Krankheit mit dem Tod auseinander setzen. Und jetzt, wo mir alle Ärzte immer wieder versichert hatten, dass du ganz gesund seist und wir beide doch erst am Vortag beim Kinderarzt gewesen waren, jetzt bist du leise und für immer von uns gegangen.

WARUM?

Warum jetzt, warum haben wir zwei, du und ich, so um dein Leben gekämpft und auf einmal schleichst du dich so heimlich fort? Wer soll das verstehen?

Heute denke ich, dass es nie etwas zu verstehen gab, nur etwas zu akzeptieren, aber damals war ich noch lange nicht so weit. Du hast mir so viel Freude bereitet, aber mich gleichzeitig auf einen langen steinigen

Weg geschickt, von dem ich oftmals dachte, ihn nicht zu schaffen.

Ich werde dich immer lieben und auch immer wieder traurig sein, dass alles so gekommen ist. Ich hätte diese ganz dunklen Tiefen in meinem Leben nicht gebraucht, aber ich habe sie zu akzeptieren, ich muss mein Leben leben, so wie es mir bestimmt ist.

In seelischer Verbundenheit

    Deine Mutti

Liebe Lisa!

Als die Oma und ich alleine waren, berichtete ich ihr zuerst alles genau und dann hielten wir uns fest und weinten nur. Irgendwie kam es mir so vor, als bräuchte meine Mama jetzt meine Stütze; sie war nicht mehr die, die sie immer war, diejenige, an der ich mich anlehnen konnte. Sie war zu erschüttert und geschockt und trauerte grenzenlos um dich.

Wir beide machten uns auf den Weg ins Beerdigungsinstitut und schauten vorher noch bei dem Arzt vorbei, der dich ans Licht der Welt geholt hatte. Ich hatte der Rettungsärztin nämlich versprechen müssen, sofort einen Arzt aufzusuchen und ihn um Beruhigungstabletten zu ersuchen.

Auch er war total geschockt, weil er ja deine ganze Geschichte kannte und unsere Familien außerdem befreundet waren. Ich bekam eine Schachtel mit Tabletten mit, mehr konnte er im Moment auch nicht für mich tun.

Nach dem Besuch im Beerdigungsinstitut war ich völlig verzweifelt, denn da musste ich deinen Sarg aussuchen und mir einige Worte für die Traueranzeige überlegen. Woher Worte nehmen, wenn ich doch so sprachlos war? In mir war nichts, kein Empfinden, keine Worte, nichts außer Leere.

Wieder zu Hause rief ich bei meiner Schwägerin und meiner Schwiegermutter an, um alle von deinem Ableben zu informieren. Dann erkundigte ich mich bei Papas behandelndem Arzt, was ich denn jetzt mit ihm tun solle. Er meinte, Papa sollte nach Hause gehen, bei einem solchen Ereignis gehöre die Familie zusammen und in Lebensgefahr schwebe er ja nun nicht mehr. Aber für die nächsten Wochen müsse ich deinen Papa täglich zu einer Infusionsbehandlung bringen.

Der Arzt erklärte mir alles ganz genau und informierte mich auch umfassend über den momentanen Gesundheitszustand deines Papas. Er bräuchte mich jetzt, denn es ginge ihm noch immer sehr schlecht; ich müsse noch viel Geduld haben und gut auf ihn aufpassen. Dann drückte er mir noch sein tiefes Beileid aus.

Ich war fix und fertig! Wie sollte ich mich um Papa kümmern und um deine Geschwister obendrein, wo ich selbst doch Hilfe brauchte! Wer half mir? Am liebsten wäre mir gewesen, wenn sich die Erde unter mir aufgetan und mich verschluckt hätte. Ich konnte und ich wollte nicht mehr.

Aber es siegte die Vernunft – und außerdem tat sich die Erde leider nicht auf, obwohl es so bequem gewesen wäre. Aber leicht und bequem war ab jetzt gar nichts mehr, ich hatte so viel zu lernen und auch zu tun.

Als Nächstes raffte ich mich zu dem schweren Weg zu meinen Großeltern auf, um ihnen die Hiobsbotschaft zu überbringen. Ich weiß nicht, ob du dir vorstellen kannst, wie schrecklich das alles für sie war. Die alten Leute, die schon so lange auf dieser Erde weilten, wären viel lieber selber deinen Weg gegangen, als ein Urenkelkind zu betrauern. Sie taten mir so furchtbar Leid in ihrem Kummer.

Wie schon bei meiner Mutter zuvor spürte ich, dass sie so viel Mitleid mit mir hatten. Es war mir klar, dass, wenn ich mich meiner ganzen Trauer hingeben würde, alles noch schlimmer für sie wäre. Deshalb sagte ich schon am gleichen Tag so edle Dinge wie: „Ach, seid doch nicht so traurig, seid lieber froh, dass wir das Liserl neun Monate lang haben durften!"

Ich hatte innerhalb weniger Stunden realisiert, dass ich ganz stark sein musste, um die Trauer der anderen abzufangen, dass ich so klug wie möglich damit umgehen musste, um unser Leben so normal wie möglich weiterzuleben. Ich wusste, ich würde die Kraft dazu haben. Hatte ich nicht schon einmal bewiesen, was ich aus mir herausholen konnte?

Am selben Nachmittag brachten dann dein Onkel und der Mann meiner Freundin deinen Paps nach Hause. Gleichzeitig brachte Margit auch Nina und Alex wieder und so konnte ich gleich anfangen mit meinem

Programm. Ich sprach mit deinen Geschwistern und erklärte ihnen, dass der liebe Gott entschieden hätte, dass du ein Engel werden solltest, dass du jetzt auf einer Wolke wohnen und außerdem unser Schutzengel sein würdest und dass du dich deshalb nicht von uns verabschieden konntest, weil wir dich nicht hätten gehen lassen.

Nina weinte herzzerreißend und fragte, warum ich das erlaubt hätte und ob ich jetzt immer weinen würde und ob du jetzt nie wieder Bauchweh hättest und noch tausend Fragen mehr.

Alex war eher ruhig, tröstete mich und meinte, er hätte mich so sehr lieb, ob ich dann wieder fröhlich werde.

Und dein Papa? Der war etwas hilflos und wusste mit dieser schwierigen Situation recht wenig umzugehen, noch dazu, wo er doch selbst so krank war und mir einfach keine Stütze sein konnte. Er brauchte selbst so viel Kraft, um seine Krankheit zu besiegen.

Drei Tage nach deinem Tod kam der Anruf aus dem Spital, wo du obduziert wurdest. Sie teilten mir mit, dass du tatsächlich am plötzlichen Kindstod verstorben warst und dass es keine Erklärung dafür gäbe. Die Wissenschaft weiß bis heute nur, dass diese Kinder einfach zu atmen aufhören, aber den Grund dafür kennt man nicht. Ich habe von verschiedenen Risikofaktoren gehört, aber bei dir traf kein einziger zu.

Sicherlich war ich einerseits sehr froh, dass ich keine Schuld hatte an deinem Tod – du bist nicht erstickt, ich hatte dich nicht falsch zugedeckt –, aber das machte dich halt auch nicht wieder lebendig.

Die Säuglingsschwester, mit der ich mich am besten verstanden hatte, als du damals im Spital gewesen warst, rief an und erzählte mir, dass die ganze Belegschaft, die dich kannte, erschüttert war über deinen Tod und der junge Arzt, der dich entgegennahm und für die Obduktion vorbereitete, um dich weinte. Es tat mir unendlich gut, das zu hören, dass du nicht wie eine Ware behandelt wurdest, sondern einfach als der kleine liebe Mensch, der du warst.

Ich wollte mir den Arzt, der die Obduktion durchgeführt hatte, ansehen und ihn alles fragen, was es zu fragen gab. Dein Papa und ich bekamen einen Termin bei ihm und er war sehr nett und sympathisch. Er meinte, es sei etwas ungewöhnlich, dass eine Mutter ihn „anschauen" wolle, aber er hatte Verständnis dafür.

Er erzählte, dass er selbst sechs Kinder habe und ihn der Tod eines Kindes noch immer sehr bewege. Ich bräuchte mir keine Sorgen zu machen, sie seien ganz lieb mit deinem Körper umgegangen und hätten ihn so schonend wie nur irgend möglich behandelt. Ich glaubte ihm und bin noch heute sehr froh, dass ich mit ihm gesprochen habe.

Im Beerdigungsinstitut gab ich dann die Kleidung ab, in der du beerdigt werden solltest. Ich suchte etwas aus, was ich dir erst eine Woche zuvor gekauft hatte: eine rosa Hose, einen dazu passenden rosa-weiß gestreiften Pulli und ein rosa Häubchen. Du solltest auch im Sarg so hübsch wie immer sein.

Die Tage bis zum Begräbnis schleppten sich für mich dahin, obwohl so viel zu tun war. Deine Geschwister nahmen am Tag nach deinem Tod ihr geregeltes Leben wieder auf, weil ich das ganz wichtig fand. Alex ging wie üblich in den Kindergarten und für Nina war es eine Abwechslung, dass Papa zu Hause war, obwohl wir alle dich natürlich schrecklich vermissten.

Ich fühlte mich wie amputiert, da ich dich doch so viel herumgetragen hatte, nun kamen mir meine Arme so leer vor. Ein Baby macht viel Arbeit und die vermisste ich. Deine Fläschchen standen in der Küche herum, dann fand ich wieder mal einen Schnuller von dir und dein Zimmer konnte ich sowieso nicht betreten.

An deinem Todestag war unsere Putzfrau gekommen, ich hatte einfach vergessen sie anzurufen und ihr abzusagen. Sogleich schaffte ich ihr an, an diesem Tag nur eine einzige Arbeit zu erledigen, nämlich dein Bettchen abzuziehen und im Zimmer alles aufzuräumen. Sie tat es, wünschte mir dann noch alles Gute und kündigte mit Tränen in den Augen, aber sie hätte keine Zeit mehr zu kommen. Ich kann es ihr nicht übel nehmen, ich habe sie mit diesem Ansinnen total überfordert; ich habe nie wieder etwas von ihr gehört.

Später kam ich drauf, dass ich in Bezug auf den Umgang der Menschen mit Todesfällen noch viel zu lernen hatte. Da gab es die Kategorie der Neugierigen: Diese Menschen kannte ich kaum oder nur vom Sehen, die stürzten sich förmlich auf mich, wo immer sie mich erblickten. Sie schämten sich nicht, mir die intimsten Fragen über deinen Tod zu stellen.

Da gab es die unglaublich Unverfrorenen, die sogar deine Geschwister über deinen plötzlichen Tod aushorchen wollten, wäre ich nicht dazwischen gegangen. Sie verfolgten deine Geschwister zwischen den Supermarktregalen und wollten wissen, ob ihre Mami die mit den langen blonden Haaren sei und ob denn das stimme, dass in unserer Familie das Baby gestorben sei ... Nicht nur einmal flüchtete ich vor so schrecklichen Menschen.

Aber die wenigsten waren so, das gebe ich zu. Die meisten mieden mich und noch sehr lange nach deinem Tod konnte ich beobachten, wie Leute vor uns auf die andere Straßenseite flüchteten und sich krampfhaft bemühten, mich nicht zu sehen. Ich kann es heute auch verstehen, aber damals, da tat es weh. Die Menschen wissen nicht mit Unglück umzugehen, andere

Mütter aus der Nachbarschaft hatten Tränen in den Augen, wenn sie mich grüßten und es ist wohl auch sehr schwer, die richtigen Worte zu finden.

Ich war nie jemandem böse, aber ich fühlte mich sehr allein. Einige wenige gab es, die mich gefühlvoll darauf ansprachen, die die richtigen Worte finden konnten und mit diesen Frauen bin ich heute noch befreundet. Die richtige Mischung aus Zurückhaltung und Mitgefühl, das gab mir damals sehr viel.

Dann kam der Tag deines Begräbnisses und dein Papa und ich gingen Hand in Hand schon vorher auf den Friedhof, um alleine an deinem offenen Sarg Abschied nehmen zu können.

Es war ein schwerer Gang und Papa ging es furchtbar schlecht. Es war alles zu viel für ihn, er war noch so gezeichnet von seiner Krankheit, er war schwindlig und ich musste ihn beim Gehen stützen.

Ich erinnere mich, dass ich mich kaum in den Aufbahrungsraum hineintraute, so sehr hatte ich Angst dich zu sehen. Es ist gegen die Natur, wenn das eigene Kind früher stirbt als man selbst und es ist die schrecklichste Erfahrung, die Eltern machen können.

Wir traten also an deinen kleinen schneeweißen Sarg, der von so vielen Blumen in allen Pastellfarben umgeben war. Da waren Kränze mit weißen Schleifen und auf vielen entdeckte ich die Frage „WARUM".

Rosen in Weiß und Rosa, wohin ich blickte. Schließlich öffnete man für uns dein ewiges Bettchen. Du lagst gebettet auf weißem Samt und weißen Spitzen und sahst so friedlich aus – und es war so schrecklich. Du in deinem hübschen Pulli … Ich hatte von zu Hause deinen kleinen Teddy mitgebracht, den ich dir an die Seite legte, damit du nicht so alleine sein würdest in deinem Grab.

Mein größter Wunsch war in diesem Moment, ebenfalls auf der Stelle zu sterben, um bei dir zu sein. Ich glaubte es nicht aushalten zu können. Ganz vorsichtig und doch ganz fest küsste ich dich ein letztes Mal, du warst so kalt und ich sagte zu Papa: „Sie ist so kalt, man sollte sie zudecken, damit sie nicht friert." Ich kann mich an seine Antwort nicht erinnern oder ob er mir überhaupt eine gegeben hat.

Schließlich gingen wir ins Freie, wo sich schon eine große Menschenmenge versammelt hatte, um dich auf deinem letzten Weg zu begleiten. Es war ein riesiges Begräbnis, alle Verwandten, alle Freunde und Bekannten, viele Arbeitskollegen von Paps und Nachbarn waren da und ich freute mich so sehr, dass dir so viele Menschen das letzte Geleit geben wollten.

Ausnahmslos alle weinten, wurde mir später berichtet, eine Welle des Mitgefühls trug uns an dein Grab. An die Rede des Priesters kann ich mich nicht mehr erinnern, ich machte mir meine eigenen Gedanken.

Meine arme Großmutter erschien mir winzig und klein vor Kummer; meinen Großvater hatte ich im Leben nicht weinen sehen und da stand er und es schüttelte ihn vor lauter Tränen. Deine Oma war starr und weiß wie die Wand und sah aus, als ob sie unter Schock stünde. Dein Vater stützte sich so schwer auf mich, dass ich dachte, ich würde zusammenbrechen. Er sah so krank aus und weinte so um dich, mein Spatz. Was hast du ausgelöst in unserer Familie?

Nachher gingen wir heim, wir waren fix und fertig. Deine Geschwister hatten wir vor dem Begräbnis im Kindergarten abgegeben, wir wollten ihnen das alles nicht antun. Das war eine gute Entscheidung. Wir erzählten natürlich alles, aber es ist doch ein Unterschied dabei zu sein und alle weinen zu sehen oder es nur erzählt zu bekommen.

Von Anfang an habe ich Nina und Alexander immer wieder dazu ermuntert, alles zu fragen, was sie wissen wollten, und wir sprachen bestimmt drei Jahre lang täglich von dir. Erstens wollte ich nicht, dass sie dich vergessen, und außerdem wollte ich, dass sie über alles, was ihnen am Herzen lag, immer wieder sprachen. Ich wollte keine traumatisierten Kinder und was wir erlebten, war traumatisch!

So erlebten wir dein schönes, schreckliches Begräbnis und nun sollte der Alltag beginnen. Eine Beerdigung setzt so etwas wie einen endgültigen Schlusspunkt unter ein Leben, aber natürlich nur als äußeres Zeichen.

Wir hatten eine neue Definition unserer Familie zu finden, wir hatten uns selbst zu finden, wir mussten zur Ruhe kommen.

Für immer, wo du auch sein magst ...

    Deine Mutti

Warum?

Warum, warum, warum, warum?

Warum du und nicht jemand anderer?

Es gibt so viele Kinder, die missbraucht und geschlagen werden, Kinder von Alkoholikern, um die sich niemand wirklich kümmert. Warum holte sich Gott nicht eines von diesen armen Geschöpfen? Warum dich???

In der Zeitung stehen immer wieder Fälle von Säuglingen, die an die Wand geschmissen und zu Tode geschüttelt werden, warum ließ Gott das zu – und nahm mir gleichzeitig mein Kind? Was hatte ich angestellt, dass ich so bestraft wurde?

So viele Fragen, nie eine Antwort!

Persönlich kannte ich niemanden, der auch ein Kind verloren hatte. Wie gingen andere Menschen mit diesem Schicksalsschlag um? Ich war so verzweifelt, ich wusste für mich nicht mehr weiter.

Nach außen war das aber nicht unbedingt zu sehen, ich war deinen Geschwistern eine liebevolle Mutter, wir sprachen viel von dir, ich half ihnen, so gut ich konnte, besprach mich mit meinem Psychologen-Cousin, wie ich ihnen am besten über diesen Verlust hinweghelfen könne.

Nina war früher ganz wild auf Babys, jetzt sagte sie mir, dass sie alle Babys hässlich fände und nie, nie wieder eines sehen wolle. Mit ihren Puppen spielte sie nur mehr äußerst brutal und „beerdigte" sie unter Decken. Vor jedem Kinderwagen rannte sie davon, Wut- und Tobsuchtsanfälle häuften sich.

Alexander war doch schon fünfeinhalb Jahre, er lebte das alles mit langen Gesprächen aus, die immer wieder um das Thema Tod, Himmel und Gott kreisten. Ein Jahr lang zeichnete er nur mit schwarzer Farbe.

Im Laufe von Monaten gelang es ihnen schließlich, damit fertig zu werden. Ich erzählte ihnen, wie traurig ich wäre und das sei ganz natürlich. Sie sollten sich nicht ängstigen, wenn die Mami weinte, wir alle zusammen würden das schaffen.

Wir buchten einen Osterurlaub auf einem Bauernhof, um den Kindern eine andere Umgebung zu ermöglichen. Die Tiere dort lenkten sie ab, wir waren lustig und fröhlich und versteckten Ostereier im Wald. An der Oberfläche ging es uns gut.

Papas Genesung ging langsam, aber ständig voran, er war noch über einen Monat im Krankenstand. Aber er verstand mich nicht. Er verlangte zum Beispiel, dass ich eine Woche nach deinem Tod alle deine Sachen in Schachteln packen sollte. Er zwang mich dazu, aber ich wäre noch nicht so weit gewesen. Er wollte es – glaube ich – deshalb, weil er mir helfen wollte. Er wollte so schnell wie möglich dein Kinderzimmer umgestalten, um mich nicht mehr weinend darin zu entdecken. Aber mir kam das alles so vor, als wolle er dich vergessen. Und das nahm ich ihm übel.

Wir stritten uns, weil ich Fotos, die ich eine Woche vor deinem Tod von dir gemacht hatte, vergrößern ließ und sie gerahmt überall in der Wohnung aufhängte. Er meinte, ich wolle einen Gedenkschrein aus unserer Wohnung machen.

Ich ging oft an dein Grab, ich wollte deinen Körper besuchen, dein Vater ging nie zum Friedhof. In immer mehr Dingen waren wir verschiedener Ansicht. Einmal gestand ich ihm, dass ich darüber nachgedacht hätte, mit deinen Geschwistern im Auto einfach gegen einen Baum zu fahren, um uns allen den Tod zu bringen. Er regte sich so darüber auf und am Ende stritten wir wie verrückt. Ich fühlte mich total unverstanden und er sich sicher auch.

Meiner Freundin erzählte ich von diesem Gespräch, sie hörte sich die Geschichte mit dem Auto an, umarmte mich und meinte, sie könne mich verstehen. Keine Belehrungen, kein Entsetzen, nur zuhören und verstehen.

Sie sagte mir aber auch, dass ich so nicht weitermachen könne. Im ersten Augenblick wusste ich gar nicht, was sie meinte. Sie erklärte mir, ich sei zu beherrscht. Keine Tränen, die die anderen sahen, der

Haushalt, die Kinder, die Kleidung, mein Aussehen – es sei alles perfekt, zu perfekt, um wahr zu sein.

Mir konnte niemand helfen, die Warnungen meiner Freundin schlug ich in den Wind und ich dachte allen Ernstes, dass ich mit 29 Jahren das letzte Mal herzlich gelacht hätte. Nie wieder würde ich fröhlich sein, nie wieder würde ich so sein wie vorher.

Ich wollte aber, dass alles so wäre wie vorher, ich wollte die Zeit zurückdrehen. Ich wünschte mir, eines Tages aufzuwachen und zu wissen, dass alles nur ein böser Traum gewesen war. Kein Weg nach vorne, nur eine Umkehr in die Vergangenheit.

Wenn ich alleine zu Hause war, dann heulte und fluchte ich, dann verdammte ich Gott, ich schrie: „Du ungerechter Gott, was hast du gemacht? Ich hasse dich!"

Mit allen möglichen Dingen, die nicht kaputt gehen konnten, warf ich um mich, aber niemals nahm ich dazu auch nur eine Tasse zur Hand, denn dann würde man ja die Folgen sehen können und dann würde dein Papa wütend sein. Er wollte eine normale, bequeme Frau, wie ich es immer gewesen war. Er konnte mit meiner Wut, mit meinen Tränen nicht umgehen und so wusste er auch nichts von meinen Schlafstörungen, meinen Ängsten ... Ich hatte das Gefühl, er wusste nichts mehr von mir.

Die einzige Beruhigungstablette, die ich jemals zu mir nahm, war die, die mir das Notarztteam aufgedrängt hatte. Die Tabletten meines Arztes warf ich nach drei Tagen unberührt weg. Die Tage bis zu deinem Begräbnis nahm ich am Morgen und am Abend einen großen Schluck Cognac, den konnte ich in seiner Wirkung wenigstens einschätzen, die Tabletten nicht. Danach nahm ich gar nichts mehr, ich wollte weder Alkoholikerin noch tablettenabhängig werden. Einzig zu rauchen fing ich wieder an, was ja schon blöd genug ist.

Es fiel mir schwer einzuschlafen und hatte ich es endlich geschafft, bekam ich Alpträume der schlimmsten Sorte. Ausnahmslos von Toten träumte ich. Tote in unserer Wohnung, die ich nie zuvor gesehen hatte. Tote auf der Straße, Tote überall! Aber glaubst du, ich hätte mir professionelle Hilfe geholt? Weit gefehlt! Ich war der Meinung, wenn überhaupt, dann könne ich mir nur selbst helfen. So bin ich.

Außerdem entwickelte ich Ängste. Keinen Raum konnte ich mehr betreten, ohne vorher die Türe weit aufzustoßen, denn ich dachte, dahinter würde ein Toter liegen. Keine Schranktüre konnte ich normal öffnen, ich riss sie auf, sprang gleichzeitig weit zurück, um zu sehen – ja, du weißt schon, das Übliche –, ob ein Toter darin wäre. Geschlossene Räume konnte ich nicht ertragen, weil ich dachte, wenn ich wieder raus wollte, wäre die Türe von einem Toten blockiert. Das musste ich natürlich geschickt vor meiner Familie verbergen.

Ich forderte daher einfach die Kinder auf, die Türen und Schränke zu öffnen, weil ich mir einbildete, dass nur eine Leiche da wäre, wenn ich als Erste hineinsehe. Das ging fast ein Jahr so, aber ich wollte keine Hilfe, ich wollte es selbst aufarbeiten.

Durch den Schock, den ich erlitten hatte, vergaß ich Wörter. Einfachste Sätze konnte ich oft nur zusammenstoppeln, es war, als hätte mein Gehirn einen Defekt erlitten.

Das Schlimmste war, dass ich dachte, wenn es einmal passiert ist, dann kann es immer wieder passieren: nämlich, dass ich eines meiner Kinder tot im Bett finden würde.

Nina fragte mich oft, ob ihr das auch geschehen könne, dass sie im Schlaf zu atmen vergesse und dann ein Engel sei. Da nahm ich sie immer auf meinen Schoß und erklärte ihr, dass das nur kleinen Babys passieren würde und sie keine Angst zu haben brauche – nie und nimmer gebe es so was. Nicht bei ihr, nicht bei Alex und nicht bei Mami und Papi.

Bei mir selbst sah das allerdings anders aus. Natürlich wusste ich, dass es das bei deinen Geschwistern nicht geben könne. Aber was mir die Vernunft sagte, war eines, was ich fühlte, war etwas anderes.

Wenn ich zu Bett ging, konnte ich nicht mehr nach den Kindern sehen, ohne Papa vorauszuschicken. An der Zimmertüre blieb ich stehen und Papa musste nachsehen, ob die Kinder noch atmeten und warm waren. Erst wenn er mir ein Zeichen gab, ging ich zu ihnen, um ein Busserl auf ihre Wangen zu drücken.

War er einmal nicht zu Hause, entwickelte ich eine eigene Methode. Ich holte mir ein kleines Kuscheltier und warf es auf die Kinder, die zwar davon nicht aufwachten, sich aber doch im Schlaf leicht bewegten. Dann wusste ich, dass sie noch lebten und konnte hingehen. Dieses Syndrom hatte ich, wenn später auch in etwas abgeschwächter Form, sieben Jahre lang. Und noch heute – wir haben seit einigen Jahren einen Hund – sehe ich nach, ob dieser auch noch atmet, wenn er besonders lange schläft.

Drei Monate nach deinem Tod war der Alltag wieder eingespielt, Papa arbeitete und dank der homöopathischen Medizin war er wieder ganz gesund, keine Narben im Gesicht, kein Kopfjucken und keine Kopfschmerzen mehr. Wie es ihm innerlich ging, weiß ich nicht, wir sprachen selten darüber und ich hatte nicht das Gefühl, dass du ihm sonderlich abgingst.

Sicher, du warst das Kind, das er am wenigsten kannte. Während der Schwangerschaft und bei deiner Geburt war er im Ausland und die meiste Zeit deines Lebens auch. Bei deinem Tod war ich auch alleine und oft dachte ich, wenn es Nina oder Alex nicht mehr geben würde, hätte es ihn mehr getroffen.

Das waren und sind bis heute die schmerzlichsten Gedanken. Er vermisste dich nicht so wie ich und tief in mir drinnen fühlte ich mich gerade deshalb so sehr alleine. Ich liebte alle meine Kinder gleich viel, aber um dich hatte ich gekämpft und mich am meisten gesorgt, wir zwei waren so eng verbunden, auch in unserem Leid und du fehltest mir so sehr.

Oft hatte ich Herzschmerzen, obwohl ich am Herzen medizinisch gesehen gesund bin, und doch war ich krank vor Kummer. Das Herz symbolisiert die Liebe und ich empfand so viel Liebe für dich und konnte sie dir nicht mehr schenken.

Monatelang wachte ich in der Nacht mit Herzrasen und so einem eigenartigen Herzstolpern auf, dass mir Angst wurde, mein Herz könnte aussetzen. Schweißgebadet und mit eiskalten Gliedern lag ich dann da und hatte Angst zu sterben.

Niemandem erzählte ich davon, ich ging auch nicht zum Arzt, ich wusste, er würde mir Beruhigungstabletten verschreiben und ich wollte mich nicht beruhigen, ich wollte lernen ohne dich zu leben.

Diese nächtlichen Angstzustände machten mir aber auch klar, dass ich nicht mehr sterben wollte. Ich wollte leben, für deine Geschwister, aber auch für mich selbst. Nur wusste ich noch nicht, wie: Wie sollte ich ohne dich sein können?

Es war so schwer, schwerer, als ich dachte. Zeit heilt angeblich alle Wunden, aber wie viel Zeit braucht man, um die Wunde dieses Verlustes zu heilen?

So viele Träume und kein einziger von dir! Ich würde so gerne schreiben, ich hätte dich im Traum gesehen, hätte geträumt, dass es dir gut ginge dort, wo du jetzt bist. Aber ich träumte niemals von dir, nie.

Ich fing an, nach geeigneter Literatur zu suchen, einem Buch von Eltern, die ihr Kind verloren hatten, am besten etwas über den plötzlichen Kindstod. Aber ich fand nichts. Es gab wohl Beschreibungen über schwere Erkrankungen mit Todesfolge, über Unfälle größerer Kinder, aber was ich suchte, fand ich nicht: ein Buch einer Mutter, die ihr Kind verloren hatte.

Elisabeth Kübler-Ross hat ein wunderbares Buch geschrieben: „Kinder und Tod". Es hat mir geholfen und so alle zwei Jahre lese ich es wieder, einfach um sensibel zu bleiben. In unserer Gesellschaft wird der Tod gerne verschwiegen, er ist unbequem und traurig. Die Hinterbliebenen werden in die Isolation gedrängt, weil man nicht gerne über den Tod spricht. Stirbt ein junger Mensch, ist es noch ungewöhnlicher und tragischer und umso weniger weiß die Umwelt damit umzugehen.

Wie sollte ich damit umgehen? Wann gibt es eine Antwort auf meine Fragen, wann gibt es die Antwort auf die Frage „WARUM"?

Kannst du mir helfen?

Deine verzweifelte Mama

Einen kleinen Schritt weiter

Alles, was ich in die Hände bekam, über Tod, Sterben, Schicksal, las ich und doch fühlte ich mich nie wirklich angesprochen.

Durch die Zeitung erfuhr ich von einem Treffen einer Selbsthilfegruppe von Eltern, die ihr Kind verloren hatten. Beim nächsten Mal war ich selbst dabei und erwartete mir so viel davon!

Reden und zuhören wollte ich, hören, was die anderen zu sagen hatten, vielleicht würde es mir helfen, vielleicht fand ich einen Weg, den ich zu dem meinen machen konnte.

Aber es war eine Katastrophe.

Die Eltern waren ausnahmslos wesentlich älter als ich und hatten ihre Kinder im Erwachsenenalter verloren. Wie saßen um einen Tisch herum und außer einem Vater waren nur Mütter da. Ich fragte mich, ob Väter generell nicht trauern oder anders trauern oder einfach keine Gruppe suchen.

Alle erzählten ihr Schicksal und taten dies offensichtlich für mich, da sie sich schon lange zu kennen schienen. Jede pochte darauf, dass ihr Fall besonders tragisch sei und nach der ersten halben Stunde wurde nur mehr von verschiedenen Arten von Schlaf- und Beruhigungstabletten gesprochen. Bei allen lag der

Tod ihres Kindes schon einige Jahre zurück, das neueste Mitglied der Gruppe war auch schon zwei Jahre dabei.

Ich erzählte von dir, stieß aber bis auf die Gruppenleiterin, die sehr nett war, auf wenig Interesse. Es kam mir vor, als säßen hier Personen, die seit dem Tod ihres Kindes sich selbst in dicke Kokons eingesponnen hatten und die gar nicht mehr nach außen sehen konnten. Sie sahen nur mehr sich selbst und ihr eigenes Unglück und konnten sich aus dieser Situation nicht mehr befreien.

Als ich meine schlimmen Nächte und meine Angstzustände erwähnte und wissen wollte, ob das normal sei oder ob ich verrückt werden würde, da gab es nur Empfehlungen für gute Schlafmittel, die einen derart umhauen, dass einen nichts mehr weckt bis zum Morgen.

Es war so frustrierend und ich fühlte mich nachher schrecklich und noch einsamer als vorher. Das durfte doch einfach nicht wahr sein! Was ich herausgehört hatte in dieser drei Stunden dauernden Versammlung, war, wie man seinen Schmerz am besten mit Medikamenten niederdrücken kann, ihn nicht ausleben, aber auch nicht daran wachsen und wieder gesund werden kann. So wollte ich nicht enden, das wäre ja schrecklich, dann hätte dein Leben und dein Sterben keinen Sinn gehabt.

Zur Verteidigung der Gruppenleiterin muss ich sagen, dass sie sehr verständnisvoll war, mir sehr gutes Lesematerial gab und mich dringendst bat, doch wieder zu kommen. Endlich fand ich in diesen Broschüren Leserbriefe, die auch ähnliche Symptome, wie ich sie hatte, beschrieben; ich fand Statistiken, die aussagten, dass 80 % aller Ehen scheiterten, nachdem ein Kind der Familie gestorben war.

So wusste ich nun, dass Alpträume und Angstzustände normal waren, ich musste nicht mehr befürchten, verrückt zu werden.

Ich konnte nachlesen, dass Männer oft anders trauern, dass so ein Ereignis die Ehe sehr belastet. Dass man immer näher zusammenrückt, um sich gegenseitig zu trösten – so hatte ich angenommen –, das stimmte offensichtlich nicht.

Es war so gut, dies alles zu lesen, ich hatte von da an auch mehr Verständnis für deinen Papa und auch wieder Hoffnung für uns, die du zurückgelassen hast.

Vor dem nächsten Treffen rief mich die Leiterin der Gruppe an und bat mich, es doch noch einmal zu versuchen und zu kommen.

Also ging ich wieder hin und versuchte diesmal etwas Positives beizutragen, indem ich zum Beispiel zu einer Frau, deren Tochter mit 23 Jahren bei einem Verkehrsunfall ums Leben gekommen war, sagte: „Sind

Sie denn nicht auch ein bisschen dankbar, dass Sie Ihre Tochter 23 Jahre lang haben durften? Sie konnten sie in ihrer Schulzeit begleiten, Sie hörten sie singen, haben so unendlich viele Erinnerungen an sie, Sie sahen sie heiraten und so vieles mehr, was Sie bewahren können.

Ich werde nie wissen, wie meine Tochter gesungen hätte, ich weiß nicht, wie sie mit 10 Jahren ausgesehen hätte, ja, ich durfte sie nicht mal ‚Mama' sagen hören, weil sie noch so klein war, als sie starb. Sind Sie für das alles, was Sie mit Ihrer Tochter erleben durften, nicht ein klein wenig dankbar?"

Ich erntete nur Unverständnis und zornige Antworten und es wurde mir auch gesagt, dass ich dich ja noch gar nicht richtig lieben konnte, da du ja so jung gestorben bist, und ich solle froh sein, dass ich nicht 23 Jahre Erinnerungen hätte, denn das sei alles sehr schmerzlich und Dankbarkeit sei völlig fehl am Platz, wem denn gegenüber? An Gott glaube sie schon lange nicht mehr, denn würde es einen geben, hätte er das alles nicht zugelassen. Die anderen nickten ernst und zustimmend und ich fühlte mich hilflos und traurig.

Danach ging ich heulend zu meiner Freundin Martina. Ich brauchte einen vertrauten Menschen, der nicht in Trauer versunken war so wie alle in dieser Gruppe. Als ich ihr alles erzählt hatte, fragte ich sie, ob sie auch denke, dass ich dich noch nicht richtig geliebt hätte, und ob denn vielleicht alle anderen Recht hätten. Ich war so verwirrt. Sie sagte mir, dass sie denke, nur ich hätte Recht und alle anderen seien auf dem falschen Weg (wem tut so was nicht gut?). Ich solle dort nie wieder hingehen, das sei keine Selbsthilfegruppe, das sei eine Selbstzerstörergruppe!

Einen Tag danach rief mich die Betreuerin an und bat mich, doch wieder zu kommen, ich sei so ein positiver Mensch. Auch sie meinte, ich sei auf dem richtigen Weg und fragte, ob ich meine Gedanken nicht weiterhin einbringen könnte, vielleicht würde sie doch einmal jemand aufgreifen.

Aber das schaffte ich nicht, es ging mir selbst zu schlecht, als dass ich anderen helfen konnte, ich wusste, ich selbst brauchte Hilfe, nur von dort war sie nicht zu bekommen. Es war so etwas Negatives in diesen Leuten, das hielt ich nicht aus, dafür war ich nicht stark genug.

Das sagte ich ihr und auch, dass ich nie wieder kommen würde. Aber sollte sich jemand Neuer melden, eine junge Mutti, die ihr Baby verloren hat, dann wolle ich helfen, sofern ich könnte, ansonsten könne ich nichts tun. Sie hatte Verständnis, aber ich hörte nichts mehr von ihr.

Jetzt war ich wieder dort, wo ich schon vorher gewesen war. Es hatte nichts gebracht, in diese so genannte Selbsthilfegruppe zu gehen, im Gegenteil, ich war so aufgewühlt und weinte wieder viel. Es kam mir vor, als sei ich um Wochen zurückgeworfen.

Ich konnte damals nicht erkennen, dass ich mich selber schon sehr in meinem eigenen Kokon verfangen hatte und mich nicht daraus befreien konnte. Ich war um nichts besser als die Menschen in dieser Gruppe, nur ohne Medikamente!

Im Sommer verbrachten wir mit unseren Freunden einen sehr langen Sommerurlaub auf Sardinien. Wir hatten schon vor deinem Tod ein Haus dort gemietet und fuhren dann im Juli ohne dich dorthin. Es kam mir fast wie Betrug an dir vor: Was wir für uns alle geplant hatten, führten wir nun ohne dich aus!

Als wir nach der langen Anreise das wunderschöne Haus betraten, traute ich mich zu Beginn nicht in unser Schlafzimmer, denn ich wusste genau, was ich dort sehen würde. Nämlich das Gitterbett, das für dich bestimmt gewesen wäre. So schlenderte ich ganz lange im Garten und auf der Terrasse herum, während die anderen das Haus innen besichtigten. Ich hörte sie immer wieder nach mir rufen und ich rief dauernd zurück, ich würde gleich kommen. Als alle herauskamen, um die Umgebung des Hauses zu erforschen, ging ich hinein, traute mich ins Schlafzimmer, sah das Babybett und konnte wieder einmal meine Tränen fließen lassen, ohne dass mich jemand sah. Darin hatte ich schon Übung und es gelang mir recht gut, meine wahren Gefühle zu verbergen. Die meiste Zeit war ich lustig und fröhlich, um zu weinen suchte ich mir immer heimliche Plätze; ich hatte schon so gute Ausreden für mein Verschwinden, dass niemand etwas bemerkte.

Meiner Freundin war ich unheimlich, weil sie mich nie weinen sah oder Trauer an mir bemerkte, und deinem Papa war es nur recht, wenn es mir gut ging, er konnte mich sowieso nicht leiden sehen. Ganz selten, wenn er mich doch beim Weinen erwischte, war er höchstens ärgerlich und fragte, warum ich schon wieder heulen würde. Meine Antwort war ebenfalls immer aggressiv, er solle sich nicht dumm stellen, er wüsste schon warum, oder ob er vergessen hätte, dass seine Tochter erst kürzlich verstorben wäre!

Unser Nicht-miteinander-reden-Können wuchs sich für mich allmählich zum Problem aus. Ich nahm es ihm so übel, dass er tat, als hätte es dich nie gegeben. Wenn er sich gut unterhielt und laut lachte, schnürte es mir das Herz zu und ich war wütend und verletzt. Wie konnte er nur so sein? Hätte er hin und wieder um dich geweint, dann hätte ich dieses Lachen gerne gesehen. Ich wünschte mir wieder verliebte Blicke und kleine Zeichen der Verbundenheit, aber ich fühlte mich mit meinem Schmerz so alleine gelassen und so überfordert, aber auch verraten und verlassen.

Hieß es nicht „in guten wie in schlechten Zeiten" und hatten uns die schlechten Zeiten nicht noch mehr Nähe gebracht? Sollte uns die allerschlechteste Zeit trennen? Das konnte ich nicht zulassen und so appellierte ich an meine eigene Vernunft, mich doch zu bemühen.

Das tat ich auch und ich glaube, Außenstehende hielten uns nach wie vor für das innigste Paar aller Zeiten. Wenn ich es so recht bedenke, glaube ich, dass nicht mal dein Paps etwas bemerkte – oder er wollte nichts merken.

Ich kam nicht auf die Idee, dass ich ihm Unrecht tat, vielleicht weinte auch er heimlich oder machte sich Sorgen um mich. So sparten wir dich als Thema aus unseren Gesprächen aus, alles andere konnten wir nach wie vor miteinander besprechen. Wir liebten uns und wir hatten ja noch zwei Kinder, um die wir uns zu kümmern hatten.

Aber ich war abgrundtief traurig, dass ich über das Wichtigste mit ihm nicht mehr reden konnte. Damit waren meine Probleme natürlich nicht gelöst, sie vergrößerten sich. Die Fragen – warum musstest du sterben, was macht das alles für einen Sinn, worin liegt der Sinn des Lebens – blieben unbeantwortet.

Weil mir alles zu viel wurde und ich oft Kopfschmerzen vom vielen Nachdenken bekam, entwickelte ich eine Methode dem Denken zu entgehen. Ich hatte immer schon gerne und viel gelesen und jetzt stürzte ich mich förmlich in alle Arten von Büchern. Krimis, Kochbücher, Esoterisches, Kinderbücher – ich las praktisch alles und zu allen Zeiten.

Es wurde fast zum Wahn. Monatelang hielt ich ständig ein Buch vor meiner Nase, ob auf dem Klo, während des Kochens, auf dem Spielplatz, selbst während ich im Auto saß und vor einer roten Ampel halten musste – ich hatte stets ein Buch zur Hand und das hinderte mich am Denken.

Die Vorfälle, wo mir das Essen am Herd anbrannte oder die Autofahrer hinter mir hupten, weil schon längst Grün war und ich nicht weiterfuhr, häuften sich. Als dann eines Tages dein Bruder sagte: „Mami, tu nicht immer lesen", da wachte ich auf. Aus meiner Selbstverleugnung. Ich wusste, so konnte es auch nicht weitergehen und wieder ging es los mit meinen Fragen an Gott, mir doch den richtigen Weg zu zeigen. Ich konnte ihn jedoch nicht finden, so sehr ich mich auch bemühte.

Einmal war es der liebe Gott, der mir doch helfen sollte, ein anderes Mal war es wieder der grausame Gott, der doch endlich sagen sollte, was er von mir wollte.

Noch etwas bemerkte ich. Ich war verbittert geworden und hart. Ich fühlte es und konnte doch nichts dagegen tun. Ich sah Fernsehberichte von verhungernden Kindern in Afrika und ich blieb kalt. Vor deinem Tod, liebe Lisa, da war ich den Tränen nahe und wollte helfen und spenden und betete zu Gott, das Leid in der Welt zu lindern. So viel Mitgefühl hatte ich mit allen Lebewesen gehabt und jetzt – nichts mehr, keine Regung in meinem Herzen, ich hatte für niemanden mehr Mitleid und Gefühl, außer für deine Geschwister. „Na ja, so ist halt das Leben", so etwas kam mir in den Sinn, aber auch nicht mehr. Und dazu oft noch bissige Bemerkungen. Es war, als ob ich mir selbst zusehen könnte bei meiner Veränderung und doch nichts dagegen tun konnte.

Aber ich fing an, wieder in die Kirche zu gehen. Kirche hatte mir bis dahin nichts mehr bedeutet, ich hatte so eine Wut auf Gott. Und meine Dankbarkeit, dass ich dich 9 Monate lang bei mir haben durfte, das waren auch nur mehr schöne Worte, ich hasste mein Schicksal.

Mein bestes Talent und meine größte Freude im Leben ist Mutter zu sein, warum gerade diese Strafe für mich?

Dann verfiel ich auf den Buddhismus und bildete mir ein, ich hätte in meinem Vorleben etwas Schreckliches getan und erhielte deshalb jetzt diese Strafe. Diese Idee habe ich lange nicht verworfen, aber ich fragte mich, wozu diese Strafe gut sein sollte, wenn ich mich doch an die Tat nicht mehr erinnern konnte! Mein Gott war ein strafender, zorniger geworden.

Und noch etwas schlich sich bei mir ein: Neid. Neidige Menschen sind schrecklich, aber sie leiden auch selbst.

Wenn ich beim Spazierengehen Familien mit drei oder gar mehr Kindern sah, dann kroch der blanke Neid in mir hoch. Warum durften andere ihre Kinder behalten, nur ich wurde so schrecklich geprüft. Aus unserem Freundeskreis waren alle immer nur glücklich, so schien es mir, und wenn sie Sorgen hatten, dann nur kleine! Es erschien mir alles so ungerecht!

Von einer Familie, die ich zwar nicht persönlich kannte, wusste ich, dass sie ebenfalls ihr kleines Mädchen verloren hatten, und in meiner Verzweiflung schrieb ich der Mutter einen kurzen Brief, in dem ich sie fragte, wie sie es geschafft hatte, über den Verlust hinwegzukommen.

Sie schrieb mir zurück und es war ein sehr liebevoller Brief. Da stand etwas von Karma, vom Annehmen des eigenen Schicksals, dass jeder das bekommt, was er braucht, um daran zu reifen, und viele Buchtipps.

Das war das erste Mal, dass ich etwas nachdenklich wurde, dass ich nachdachte, ob es vielleicht wirklich darum geht, sein Schicksal zu akzeptieren, es als gegeben anzunehmen und das Beste daraus zu machen.

Alle Bücher, die sie mir empfohlen hatte, besorgte ich mir und plötzlich verstand ich, worum es in Wirklichkeit ging. Mit der Logik konnte ich genau nachvollziehen, was hier gemeint war, mit dem Herzen war ich noch lange nicht so weit. Aber es war ein Anfang.

Ein Anfang, der mir aber auch zeigte, dass mir niemand helfen würde, dass ich mir selbst helfen musste und dass ich die Wahrheit über mich erkennen müsste – und das ist bekanntlich das Allerschwerste.

Der erste Schritt dazu war getan, aber es war nur ein winziger Schritt am Beginn eines langen, beschwerlichen Aufstieges auf den höchsten Berg, den ich in meinem Leben zu besteigen hatte.

    Deine Mama

Aufbruchstimmung ...

Im Frühling, also ein Jahr nach deinem Tod, gab mir meine Schwiegermutter den Prospekt eines Wellnesshotel in der Steiermark und meinte, ein Urlaub dort würde deinem Papa und mir recht gut tun. Dort wurden Seminare angeboten und eines davon klang ziemlich verlockend. Es hieß: „Physische und psychische Aufbauwoche."

Das klang wirklich interessant: Man sollte unter Aufsicht viel Sport betreiben, bis an seine Grenzen gehen und dabei psychologisch betreut werden. Sport würde mir gut tun, ich hatte im Alltag zu wenig Zeit dazu, und eine ganze Woche nur gesund essen und Sport betreiben, das lockte mich. Wir entschlossen uns zu buchen und die Omas wollten sich in der Zwischenzeit um deine Geschwister kümmern.

Wir meldeten uns also an und freuten uns darauf. Je weiter die Zeit voranschritt, umso mehr freute ich mich darauf, sagte aber ständig zu Papa, dass ich keine psychologische Betreuung wollte und wenn wir so viel Geld bezahlen, dann wolle ich tun, was ich möchte und den Psychologenkäse bräuchte ich sowieso nicht.

Der Frühling verging, der Sommer zog ins Land und es ging mir schlecht. Oft ging ich zum Friedhof, weinte bitterlich und wollte nur eines: dich zurück. Das Gefühl der totalen Verlassenheit war immer da, und um es vor anderen zu verbergen, wurde ich sehr hart. Meine Liebe gehörte meinen Kindern und deinem Papa, obwohl es nicht mehr so war wie früher. Das Bewusstsein, am Ende doch alleine zu sein, im Schmerz und in der Trauer nicht so angenommen zu werden, wie ich es mir wünschte, das machte mich unendlich traurig und in der Ehe einsam.

Doch ich würde es durchstehen, bis zu meinem eigenen Tod und wenn ich oft so rechnete, dass – wenn nichts dazwischen käme – ich noch 50 Jahre zu leben hätte, ja, dann kam mir schon das Grausen. Ich wollte viel schneller bei dir sein. Wenn Alex und Nina zirka 20 Jahre wären, dann, so dachte ich, dann hätte ich meine Pflicht auf Erden getan und niemand würde mich noch wirklich brauchen. Dann könnte ich gehen, zu dir gehen, um endlich wieder mit dir vereint zu sein.

Dabei wirkte ich nie wie eine Trauerweide, die meisten Menschen bewunderten mich wegen meiner Fröhlichkeit, meiner Durchsetzungskraft und dafür, wie ich mein Schicksal meisterte. Nur ich wusste, wie es in mir aussah.

Im Lauf des Frühjahrs bekam ich eine schmerzhafte und äußerst lästige Schleimbeutelentzündung an den Achillessehnen. Das Eigenartige war, dass beide Beine betroffen waren und es an manchen Tagen so schlimm war, dass ich kaum gehen konnte. Am besten ging es mir noch in ganz hohen Schuhen, aber das war ich nicht mehr gewohnt. Ich lief viel lieber in flachen Schuhen und als Mutter von zwei kleinen Kindern war ich damit auch wesentlich besser dran. Es war zum Verzweifeln!

Je näher unser Sporturlaub rückte, umso schlimmer wurde es. Von Arzt zu Arzt rannte ich, ich ließ mir äußerst schmerzhafte Injektionen direkt in die Schleimbeutel spritzen, aber nichts half, nicht mal eine vorübergehende Besserung konnte ich erzielen.

Die nackte Wut kam in mir hoch: Da freute ich mich endlich wieder mal auf etwas und dann das! Salben und Therapien, alles machte ich, nur um die Sportwoche genießen zu können. Aber als der Tag der Abreise kam, konnte ich nur mit Schmerzen gehen und war sauer.

Paps und ich fuhren in die Steiermark, kamen im Hotel an und freuten uns, weil alles so toll aussah. Wir hatten den Abend für uns alleine, erst am nächsten Morgen sollte das Seminar beginnen. Wir saßen beim Sonnenuntergang auf der Hotelterrasse und tranken ein Glas herrlichen Weins.

Da fragte mich dein Vater das erste Mal nach deinem Tod etwas ganz Schlichtes, das mir trotzdem die Tränen in die Augen trieb. Fünf einfache Worte, auf die ich eineinhalb Jahre gewartet hatte: „Wie geht es dir wirklich?"

Wir sprachen lange über dich, deinen Tod und da sagte ich ihm die ganze Wahrheit, eben wie es in mir drin aussah. Er sagte nicht viel dazu, aber es war ein gutes Gespräch, ein wundervoller Abend und etwas von unserer früheren engen Vertrautheit kam zu uns zurück. Unsere Seelen gaben sich ganz vorsichtig die Hand. Trotz meiner Schmerzen in den Beinen wusste ich, es würde eine schöne Woche werden und wir beide waren uns wieder ein Stück näher gekommen.

Am nächsten Morgen trafen sich alle Teilnehmer des Seminars im Gruppenraum und uns wurde der Ablauf der Woche erklärt. Na, das hörte sich aber nicht recht lustig an! Jeden Morgen sollten wir um sechs Uhr Früh aufstehen, uns in den Gruppenraum begeben, dort schleimige, in Wasser angesetzte Keime essen und dann eine halbe Stunde gemeinsam meditieren. Danach gäbe es gesundes Frühstück und dann geht's auf zum Sport!

In mir rebellierte alles! Erstens wollte ich ausschlafen, anschließend bei Kaffee und Kipferl den Morgen begrüßen und dann erst wäre ich bereit für sportliche Schinderei. Und wie weit ich am Sportprogramm teilnehmen könnte, würde sich erst zeigen – mit meinen wehen Beinen.

Wir setzten uns alle in einen Kreis, sollten uns vorstellen und auch den Grund nennen, warum wir gerade an diesem Seminar teilnehmen würden. So was konnte ich noch nie leiden! Wie im Kindergarten! Außerdem waren mir die anderen Teilnehmer egal, wurscht, ob Susi Müller oder Wolfi Huber, was gingen die mich an? Das war genau das Psychowischiwaschi, das ich nicht mag!

Dein Papa nahm mich aber an der Hand und so setzte ich mich halt gottergeben auch in den Kreis. Als ich an der Reihe war, sagte ich knapp meinen Namen, dass wir zwei Kinder hätten und aus sportlichem Interesse hier wären. Das war's.

Nach mir kam Papa dran und mir blieb die Luft weg, was er von sich gab! Er meinte, das mit den zwei Kindern stimme so nicht ganz, wir hätten auch noch dich, unser Baby. Aber leider seist du gestorben und wir seien hier, um Anregungen zu finden mit deinem Tod besser umzugehen und das Ganze sollte von sportlicher Grenzerfahrung begleitet werden.

Es war ganz still im Raum, alle sahen uns an und ich platzte fast vor Wut! Was bildete er sich ein?! Hab ich ihm erlaubt, das zu erzählen? Keiner hier sollte von dir erfahren, was ging diese fremden Leute unsere Geschichte an? Ich hätte ihn schütteln können vor Wut!!

Der betreuende Psychologe würde sich jetzt mit Feuereifer auf mich stürzen und mir helfen wollen. Aber mir konnte keiner helfen, außer ein Zauberer, der dich zurückbrächte!

Normalerweise war es nicht die Art deines Vaters aus sich herauszugehen und wildfremden Menschen unsere Geschichte zu erzählen. Was war nur in ihn gefahren?

Nachdem die Vorstellungsrunde beendet war, ging es zur körperlichen Untersuchung und natürlich wurden da meine schmerzenden Beine offensichtlich. Außerdem musste ich mit dem Trainer mein Sportprogramm bestimmen: Alles, jeder Waldlauf wäre ja ein Problem für mich.

Tom[1], der junge, gut aussehende und durchtrainierte Psychologe, legte seine Hände auf meine schmerzenden Achillessehnen, sah mir in die Augen und sagte ganz schlicht und leise: „Du gehst den falschen Weg im Leben, deshalb deine Probleme mit den Beinen. Wenn du nichts änderst, wird es noch schlimmer werden." Bevor ich noch etwas erwidern konnte, stand er auf und ging.

Wenn er mich geohrfeigt hätte, wäre die Wirkung nur halb so schlimm gewesen. Humpelnd ging ich auf unser Zimmer und schlug wütend und heulend auf die Bettdecken ein. Als Papa kam, schrie ich ihn an, ob er das gehört hätte, das müsste ich mir doch wirklich nicht

---

[1] Name geändert

sagen lassen von so einem jungen Psychoheini (er war etwa so alt wie ich, nämlich 30)! Schuld sei er, dein Papa, ganz alleine, weil er von deinem Tod erzählt habe und das jetzt ein gefundenes Fressen für diesen Idioten sei! Papa konnte mich so halbwegs beruhigen und so ging ich wieder nach unten und lief prompt diesem Tom über den Weg.

Klar und deutlich erklärte ich ihm, was ich an meinen Beinen hätte, nämlich eine Schleimbeutelentzündung und nicht „den falschen Weg". Er begann behutsam die schmerzenden Stellen zu massieren und erklärte mir, was er gemeint hatte. Krankheiten seien ein Ausdruck der Seele; alles, was man mental nicht verarbeiten könne, würde sich im Körper manifestieren.

Das heißt, was der Seele zu viel wird, drückt sich im Körper aus. Da ich ja sonst kerngesund sei, würden meine Beine mir jetzt zeigen, dass meine Seele diesen Weg, den ich beschritten habe, nicht weitergehen wolle. Wenn ich aber nicht so abwehrend sei und ihm vertrauen würde, so könne er mir versprechen, dass ich innerhalb dieser einen Woche keine Schmerzen mehr haben würde.

Innerlich lachte ich ihn zwar aus, denn wie sollte er etwas schaffen, was einige Ärzte mit all ihren Mitteln seit drei Monaten nicht schafften, aber das Angebot klang gut und ich wollte natürlich so bald wie möglich wieder ohne Schmerzen laufen können. Also ging ich auf sein Angebot ein, fast schon alleine deswegen, um ihm zu beweisen, dass das alles Blödsinn sei.

Den Rest des Tages verbrachten wir mit Waldlauf, Jogging und Schwimmen und ich muss zugeben, der Sportlehrer, der Arzt und auch der Psychologe Tom schafften es hervorragend, uns alle so zu betreuen, dass jeder etwas davon hatte und ich zwar hinterher humpelte, mir aber trotzdem nicht allzu blöd dabei vorkam. Am Abend waren alle hundemüde und nur mit einigen Körndeln im Bauch waren wir k.o. und gingen bald zu Bett.

Am nächsten Morgen dann das frühe Aufstehen und runter zur Meditation. Die schleimigen Keimlinge waren grauslich und ich sehnte mich nach Kaffee und Honigbrot. Dann saßen wir wieder alle im Kreis und bei Vogelgezwitscher und sanften Tönen einer Musikkassette sollten wir die Augen schließen und uns entspannen. An nichts denken und alles fließen lassen.

So tat ich auch, aber nach nicht einmal einer Minute war alles, was bei mir floss, die Tränen. Schon wieder wurde ich wütend, ich wollte nicht weinen, ich wollte doch lernen, wieder wirklich fröhlich zu sein, ich wollte mich entspannen, konnte aber nicht. Ich riss die Augen auf, blickte kurz in die Runde und stellte fest, dass die anderen wirklich entspannt aussahen, einige mit einem Grinsen im Gesicht. Und das Ärgste war, dass Tom mich beobachtete und auch meine Tränen gesehen haben musste, die mir übers Gesicht liefen. Da wurde ich gleich noch wütender, denn ich wollte stark sein. Das gaukelte ich doch seit deinem Tod meinen Mitmenschen vor. Und jetzt war da einer, der mir vielleicht auf die Schliche kam.

Leise stand ich auf und verließ den Raum. Im Laufe des Tages sagte ich Tom, dass ich für den Rest der Woche an keiner Meditation mehr teilnehmen würde, ich könne das nicht und wolle es auch nicht lernen. Außerdem sei ich ein eigenständiger Mensch, der selbst bestimmen könne, was gut für ihn sei und was nicht. Weinen sei das Letzte, was ich wollte, und deshalb müsse er auf mich am frühen Morgen verzichten.

Seine Antwort war: „Im Sport brauchst du nichts dazu zu lernen, du bist trainiert und toll beisammen, sicher die Beste der Gruppe. Dein Defizit liegt eindeutig auf der seelisch-meditativen Seite. Kümmere dich darum und vergiss den Sport, er sollte für dich diese Woche nur begleitende Funktion haben." Mein Gott, der hat doch leicht reden, wie er uns selbst erzählte, hatte er drei kleine Kinder, eine junge Frau und es ging ihm gut! Was weiß denn der schon von mir, der kann mich niemals verstehen – so meine Gedanken.

Habe ich erwähnt, dass mein erlernter Beruf Gymnastik- und Sportlehrerin ist? Auch wenn ich nicht mehr richtig durchtrainiert war, so wusste ich doch, dass er, was den Sport betrifft, Recht hatte, ich war noch immer in Topform, obwohl ich in den letzten Jahren nicht mehr allzu viel getan hatte.

Sicher, er hatte bestimmt auch Recht mit dem Defizit in meiner Seele, aber er konnte ja nicht wissen, wie sehr ich mich seit deinem Tod bemühte, um mit mir selbst wieder ins Reine zu kommen. Ich hatte es bisher nicht geschafft, wie sollte ich das in diesen sieben Tagen fertig bringen? Es erschien mir unmöglich und deshalb wollte ich es nicht einmal auf einen Versuch ankommen lassen.

Im Laufe des Tages, als alle anderen sich sportlich abrackerten und ich wegen meiner Beinschmerzen zurückblieb, war Tom immer an meiner Seite. Er fragte viel und versuchte immer wieder, mit mir ins Gespräch zu kommen. Die Gruppe war schon weit voraus im Wald und wir zwei waren alleine, als ich die härtesten Worte hörte, die ich nie mehr vergessen sollte.

Er sagte mir, dass ich endlich mein Schicksal annehmen solle, dass ich gar nicht mehr um dich weinen würde, denn nach so langer Zeit, nach eineinhalb Jahren, sollte die Phase des Weinens abgeschlossen sein. Trauer habe mehrere Phasen; ich sei über die erste nie hinausgekommen und dann in Selbstmitleid versunken. Damit die anderen das nicht merken, hätte ich mich mit einem dicken Panzer aus Zynismus umgeben und es läge jetzt an mir, diesen aufzubrechen und zu sprengen. Ich solle endlich das Leben als solches annehmen, ich hätte ja auch die guten Dinge angenommen, meine beiden gesunden Kinder, mein angenehmes Äußeres, alle die positiven Dinge halt.

Natürlich nehmen alle Menschen das Gute lieber an als das Schlechte, aber er meinte auch, das Schlechte sei nicht wirklich schlecht, es sei dazu da, um daran zu reifen und fürs Leben zu lernen. Er fragte mich, was ich aus deinem Tod gelernt hätte, und ich musste zugeben – nichts. Das genau würde ich mich seit deinem Sterben fragen – wofür das wohl gut wäre und was ich daraus lernen könnte, aber mir sei nie eine Antwort eingefallen. Letztendlich war es diese eine Frage, auf die ich keine Antwort fand und die mich an meinem Schicksal verzweifeln ließ.

Das Leben sei wie ein Fluss, meinte er, mit vielen Windungen und Stromschnellen, aber je mehr man sich gegen das Fließen wehrt, desto leichter wird man unter Wasser gezogen.

Wir sprachen lange miteinander und ich fühlte, dass er Recht hatte. Ich wusste ja und konnte genau erkennen, wie ich im Moment war und es gefiel mir nicht! Es machte mich traurig mich selbst zu erkennen. Ich war zynisch, gereizt, wehleidig, verkrampft und vieles mehr. Aber ich wusste es nicht zu ändern. Auch das mit dem Panzer stimmte und damals, als ich die Leute in der Selbsthilfegruppe innerlich verhöhnt hatte, weil sie in einem Kokon lebten, wusste ich noch nicht, dass ich im Grunde um nichts besser war. Sicher, ich tötete mich nicht mit Tabletten ab, aber ich war keinen Schritt weiter als sie – und diese Erkenntnis traf mich tief.

Tom versuchte mir die Natur wieder näher zu bringen, die Wunder des Lebens. Wir seien eines davon, aber wir sind vermessen, wir möchten das Glück pachten. Ein bisschen ist es auch der Zeitgeist, der uns vorgibt, dynamisch und schick zu sein. Vieles, was nicht so angenehm ist, wird verdrängt und wenn wir's nicht verdrängen wollen, fehlt uns der tiefe Glaube, um damit umzugehen.

Uns allen fehle es an Demut dem Leben gegenüber.

Ja, er hatte in allem Recht. Lediglich dass ich mich schon lange nur mehr selbst beweinte und nicht mehr dich, das wollte ich nicht glauben. Sicher irrte er sich! Wenn das stimmte, wäre es schrecklich. Die Gruppe lief noch fleißig weiter im Wald herum, ich jedoch ging zum Hotel zurück, ich musste alleine sein.

In der Abgeschiedenheit unseres Zimmers fing ich zu weinen an. Ganz bewusst um mich, um mein Leben, um meine Unfähigkeit deinen Tod zu akzeptieren. Ich weinte, weil ich so hilflos war und ich nicht sah, wie ich es ändern konnte.

Immer hoffte ich, dass deine Seele mir ganz nahe sein möge, aber sie war es nicht. Wo warst du? Wo bist du hingegangen? Warum hast du mich alleine gelassen? Einige Wochen nach deinem Tod habe ich dich gefühlt, ich habe dich sogar körperlich gefühlt, komischerweise an meinem Hals und an meiner Schulter, als ob ich ein leichtes, warmes Daunenkissen an dieser Stelle getragen hätte.

Aber nach vier bis fünf Wochen wurde dieses Gefühl immer schwächer und dann warst du verschwunden. Es war, als wärest du ein zweites Mal gestorben. Ich konnte dich nicht mal in meine Träume holen. Hattest du mich noch ein wenig begleiten wollen, um es mir leichter zu machen?

Auch wenn mich andere für verrückt halten, ich weiß, du hast mich noch ein Stück begleitet, aber ich habe danach den Weg dennoch nicht gefunden. Es tut mir Leid, ich wollte es doch so gerne richtig machen, aber es ist mir nicht gelungen.

Es gelang mir, deine Geschwister durch ihre Ängste und durch ihre Verunsicherung zu führen; es gelang mir, meine Großeltern zu trösten; es gelang mir aber nicht, deine Oma zu trösten, sie litt sehr unter diesem Tod, aber anders als ich und ich denke, wir waren einander keine große Hilfe. Aber so ist es nun mal beim Trauern: Jeder muss seinen Weg finden, aber ich habe versagt. Versagt bei mir selbst!

Ich fiel in einen Erschöpfungsschlaf und als ich erwachte, hatte ich starke Schmerzen im gesamten Brustkorb. Es war, als hätte mir jemand während des Schlafs sämtliche Rippen gebrochen, ich konnte kaum atmen. Mein erster Gedanke war: „Der Panzer fängt zu bröckeln an, er bricht auf." Dann dachte ich mir, das sei doch alles Blödsinn, jetzt sehe ich schon Gespenster.

Wieder einmal brach die nackte Wut aus mir hervor. Das alles war doch der größte Unsinn und wenn schon, wenn Tom mit seiner Philosophie auch Recht haben sollte, mir war das alles zu anstrengend! Ich bezahlte viel Geld für diese Woche und dann das: Nur gesundes Essen, das ich nicht will, psychologische Betreuung, die ich schon gar nicht will, dazu noch jemand, der mir vermeintliche Wahrheiten an den Kopf wirft, und die Krönung all dessen – ich würde gar nicht mehr um dich weinen, sondern um mich selbst.

Und jetzt zu meinen wehen Beinen kriegte ich kaum noch Luft vor Schmerzen im Brustkorb! Nein, jetzt reichte es mir endgültig, das musste ich mir nicht bieten lassen!! Wenn sich dein Papa hier wohl fühlt – bitteschön, aber ich würde mich nicht weiterhin quälen lassen, ich würde nach Hause fahren.

Wütend und weinend begann ich Kleidung in den Koffer zu stopfen, als die Türe aufging und dein Vater hereinkam. Er war sehr überrascht und erschrocken und fragte mich, was ich tun würde. „Packen und abreisen", rief ich. Ich erklärte und erzählte ihm alles; er nahm mich sanft bei der Hand, führte mich auf den Balkon unseres Zimmers und hörte sich alles geduldig an. Er könne mich verstehen, aber ob ich es nicht doch versuchen könnte, diese Woche weiterzumachen, einfach sehen, was draus wird, und es geschehen lassen. Er wäre so traurig, wenn ich jetzt abreisen würde.

Dein Papa war so verständnisvoll und lieb und er hatte es wirklich nicht einfach mit mir und meiner Wut. Er wolle mich heute am Abend zum Essen ausführen, gaaaanz ungesund und gut, wir würden Wein trinken und es uns gut gehen lassen.

Fast war ich schon umgestimmt, ihm zuliebe, als es an der Türe klopfte. Ich öffnete und draußen stand Tom. Er sagte mir, dass er das ganz starke Gefühl habe, dass ich heute noch abreisen werde und er mich morgen eventuell nicht mehr sehen werde. Das täte ihm Leid und ob ich es mir denn noch einmal überlegen könnte. Zuallererst war ich verblüfft, denn wie konnte er das wissen? Nur Papa wusste davon und der hatte das Zimmer nicht verlassen!

Alleine schon, um Tom das Gefühl zu geben, er hätte sich geirrt, fing ich mich rasch und tat ganz verwundert. Nein, ich hätte nur kurz überlegt, das zu tun, aber ich würde selbstverständlich bleiben. Und wenn es nur war, um ihn zu ärgern! Das sagte ich natürlich nicht.

Also beschloss ich ernsthaft, die Woche doch zu Ende zu bringen, so wie es geplant war. Dein Paps und ich gingen am Abend essen und er sagte mir viele wundervolle Dinge, aber er sagte mir auch, was mein Fehler wäre. Nämlich, dass ich nur ganz schwer Fehler zugeben könnte und dass ich immer gerne alles unter Kontrolle hätte, ich wäre nicht flexibel genug, um Dinge an mich herankommen zu lassen oder mich auf ganz neue Situationen einzulassen und diese dann zu akzeptieren.

Ich wusste, dass er Recht hatte, aber weißt du, mein Kind, wie schwierig es trotzdem ist, das wirklich wahrzuhaben? Mir jedenfalls fällt so etwas ganz furchtbar schwer. Die Wahrheit anzuerkennen, sie anzunehmen, sie als Teil meines Lebens zu betrachten, etwas daraus zu lernen und zu sehen, was ich verbessern könnte.

Aber so weit war ich noch gar nicht. Der erste Teil war vorerst das, was man mir gesagt hat: alles annehmen und als ersten Lernprozess diese Woche bewältigen. Neues lernen, Grenzerfahrungen im sportlichen Bereich machen – wenn man denkt, es geht nichts mehr, man kann einfach nicht mehr, dann kann man doch noch, irgendwie schafft man es weiterzulaufen, weiterzuschwimmen oder was auch immer. Das kann man dann gut aufs eigene Leben umlegen. Es ist eine Sache der Einstellung.

Tom war mir von Anfang an so unsympathisch, weil er mir einen Spiegel vorhielt, weil er mir die Wahrheit über mich selbst sagte und das, obwohl er mich und ich ihn eigentlich kaum kannte. Er hat mich erfasst, er hat hinter meine Fassade geblickt und das störte mich gewaltig. Aber er sagte auch, es gäbe keine Zufälle und demnach sei ich nicht zufällig hier, sondern es war mir so bestimmt. Manche würden auch sagen, Gott habe es so gewollt.

Den Rest der Woche machte ich die unmöglichsten Dinge. Ich ließ mich mit verbundenen Augen barfuß durch den Wald führen – mir fiel diese Übung besonders schwer, denn ich konnte niemandem mehr so richtig vertrauen, ich konnte mich zu wenig führen lassen, aber nach einiger Zeit lernte ich auch das. Wir alle fuhren Rad bis zum Umfallen – ich wusste gar nicht, dass die Südsteiermark so hügelig ist! Mir schien, es ginge immer nur bergauf. Es war so anstrengend, ich dachte, ich schaffe das nicht. Wir wussten nie, wie weit und wie lange wir noch zu fahren hätten, wir mussten einfach weitermachen und Vertrauen haben. Man durfte nur rasten, wenn die ganze Gruppe sich dafür entschied.

Eines Tages sollten alle Frauen auf jede Frisur und selbst auf das kleinste Make-up verzichten. Keine

Ahnung, ob das für die anderen ein Problem war, aber für mich war es eines. Wieder weniger Maske!

Dann wurden wir zu zweit (immer solche Personen, die sich am wenigsten zu sagen hatten oder sich am wenigsten sympathisch waren) mit einer Landkarte im tiefsten Wald ausgesetzt. Als Ziel wurde uns ein Gasthaus genannt, das wir alle nicht kannten. Jedes Paar hatte ca. 3–4 Stunden Fußmarsch zu bewältigen und sich untereinander abzustimmen, wo wohl der richtige Weg liege. Ja, mit deinem Papa hätte mir das schon Spaß gemacht, aber mit einem Wildfremden?

Die ganze Woche war wirklich Knochenarbeit für mich – seelische wie körperliche.

Am Ende der Woche, ob du's glaubst oder nicht, hatte ich keine Schmerzen mehr in meinen Beinen und mein Brustkorb beruhigte sich auch wieder. Zuerst wich der Schmerz einer Art Beklemmung, aber auch das war mit Ende des Seminars vorbei!

Ich verzieh Tom seine brutale Wahrheit, er meinte, so direkt musste er sein, er hätte ja nur eine Woche Zeit gehabt. Am Ende war er mir sogar sympathisch, ich mochte ihn. Nie wieder haben wir etwas von ihm gehört, wir haben uns allerdings auch nie mehr bei ihm gemeldet. Es war aber eine ganz wichtige Begegnung in meinem Leben. Ich ging aus dieser Woche körperlich und seelisch gestärkt hervor, wie ich es mir nie erträumt hätte!

Etwas in mir hatte sich grundlegend verändert, meine Einstellung zum Leben hatte sich verändert. Jetzt musste ich nur noch sehen, dass ich diesen Weg weitergehen würde, aber ich war zuversichtlich. Ich hatte wieder Vertrauen zu mir selbst und trotzdem – oder vielleicht weil – ich so viel über mich selbst gelernt hatte mit allen guten und weniger guten Eigenschaften, war ich auf dem besten Weg, der Trauer um dich, mein Kind, eine andere Dimension zu geben.

Diese Woche habe ich deshalb so genau beschrieben, weil sie der Beginn eines neuen Anfangs war.

In ewiger Liebe

    immer, deine Mama

Friede wächst in mir

Die nächsten Tage und Wochen war ich noch ganz beflügelt vom Seminar, probierte mit den Kindern viel Neues aus, wie zum Beispiel barfuß wandern gehen und vieles mehr. An den Kindern sah ich, wie schnell sie sich auf etwas Neues, anderes einlassen konnten. Sie machten alles mit und wir hatten eine Menge Spaß zusammen.

Nach wie vor sprachen wir viel von dir, aber es war anders als vorher. Ich begann mich wirklich und wahrhaftig mit meinem Schicksal auszusöhnen. Dabei half mir auch das Buch „Schicksal als Chance" von Thorwald Dethlefsen. Dieses Buch ist zu meiner Bibel geworden und heute noch lese ich oft darin. Es ist ein Sich-Einlassen auf andere Gedanken, auf andere Muster, als wir sie normalerweise kennen.

Das Leben ist Rhythmus, es ist ein Auf und Ab, wie das der Gezeiten. Wenn wir das Gute wollen, so müssen wir auch das Böse akzeptieren. Wir können nicht immer nur einatmen, wir müssen auch ausatmen.

Das Leben bedingt den Tod und wir müssen den Tod akzeptieren. Unseren eigenen wie auch den unserer Lieben.

Wie im Himmel, so auch auf Erden, wie oben, so unten.

Es mag befremdlich klingen, aber es ist eigentlich ganz einfach. Schwierig sind nur wir selbst. Unser Wollen und Sehnen ist immer nur auf das Gute gerichtet.

Der Gärtner düngt seine Rosen im Garten auch nicht mit wohlriechenden Essenzen, damit im nächsten Jahr die Rosen besonders gut duften, vielmehr düngt er sie mit Mist oder Jauche und daraus entsteht etwas Gutes.

In unserem Leben wird uns die Chance gegeben, aus Fehlern zu lernen und aus schrecklichen Erfahrungen etwas Positives zu machen.

Das tibetanische Totenbuch sagt: „Wer nicht das Sterben gelernt hat, kann das Leben nicht lernen." Nicht jeder hat in seinem Leben ein Kind zu betrauern, aber es gibt kein Leben, das eine endlose Folge des Glücks ist. Der Sinn des Lebens ist, nach meiner Auffassung, es zu leben, nicht in der Vergangenheit und nicht in der Zukunft, sondern jetzt. Aus jedem Tag das Beste machen. Natürlich ist das leichter gesagt als getan.

Ich persönlich halte nicht besonders viel vom so oft zitierten „positiven Denken". Natürlich sollte man nicht nur negativ denken, aber derjenige, dem es wirklich schlecht geht, der kommt sich doch verhöhnt vor, wenn ihm jemand sagt, er solle doch positiv denken, dann wird schon alles!

Es gibt Tage, an denen wachen wir schon grantig auf, alles scheint zu misslingen und dann sollte man auch dazu stehen. Man könnte zum Beispiel seine Familienangehörigen warnen: „Achtung, heut hab ich einen Grant und weiß nicht mal, wieso."

Einfach zu seinen Gefühlen stehen, ob positiv oder negativ. Nur sollte man dabei aufpassen, dass man seine Mitmenschen nicht verletzt, auch nicht mit Worten.

Einige pseudoesoterische Bücher predigen, das allein Seligmachende sei, dass man sich zuerst einmal selbst zu lieben hätte. So nach dem Motto: „Wer sich selbst liebt, liebt auch die anderen." Mir sind schon einige Menschen begegnet, die sich selbst sehr liebten, aber trotzdem für andere wenig übrig hatten. Haben die da wohl etwas nicht richtig verstanden?

In unserer egoistischen Zeit scheint mir dieser Wahlspruch nicht so recht passend. Natürlich darf man sich selbst nicht vergessen, man sollte sich selbst etwas Gutes tun, aber doch auch den Mitmenschen! Es genügt schon ein Lächeln oder ein nettes Wort oder ein wenig Zeit und Verständnis füreinander.

Warum ist der Spruch „Tu anderen nur das an, was auch du für dich selbst getan haben möchtest" nicht populärer? Ich glaube, weil der Spruch mit dem sich „selbst Lieben" einfach bequemer ist!

Aber wenn dann so ein Einschnitt im Leben kommt, der so furchtbar und tragisch ist, wie soll man dann damit umgehen? Positiv denken? Sich selbst lieben? Es ist wohl klar, dass beides nicht funktionieren kann.

Meiner Meinung nach geht es schlicht ums Annehmen. Das zu akzeptieren, was einem beschieden ist. Das ist aber sehr schwer, denn es verlangt Demut und wer hat die heute noch? Demut hängt auch mit Glauben zusammen. Damit meine ich nicht unbedingt die Kirche, aber es ist auf jeden Fall der Glaube an Gott. Das ist auch schwierig, denn wer schwankt nicht in seinem Glauben, wenn einen das Schicksal so prüft? Wie auch immer man damit umgeht, am Ende sollten nicht die Verbitterung und der Hass stehen, sondern die Aussöhnung.

Jedes einzelne Leben ist lebenswert, weil es eben unser Leben ist, mit all seinen Vor- und Nachteilen. Einer wird schon reich geboren, der andere arm, die eine könnte Model werden, so schön ist sie, die andere kommt mit einer schweren Behinderung zur Welt. Welches Leben ist lebenswerter?

Wer maßt sich an, das beurteilen zu wollen? Es ist keine Frage, dass Eltern behinderter Kinder ein völlig anderes Leben haben als Eltern nicht behinderter Kinder. Aber vielleicht können sie besser hinter die Fassade sehen, empfinden vieles als Geschenk, zum Beispiel ein Lächeln des Kindes oder einen winzigen

Fortschritt, den das Kind macht. Eine Mutter eines gesunden Kindes hingegen bekommt vielleicht einen Migräneanfall, weil es im Kinderzimmer wie in einem Saustall ausschaut. Natürlich könnte man jetzt sagen: „Die soll froh sein, dass ihr Kind gesund ist", aber ich kann nicht alles tolerieren, nur weil ich jeden Tag glücklich bin, dass ich ein gesundes Kind habe.

Ich erinnere mich an eine Begebenheit, als ich eines Tages deinen Bruder von der Schule abholte und dabei sehr nahe an einem anderen Wagen geparkt hatte. Die Besitzerin dieses Autos war eine Mutter, die ihr behindertes Kind von der Sonderschule abholte und nun das Kind nicht in ihr Auto heben konnte, weil ich so dicht dran stand.

Von weitem schon konnte ich die missliche Lage erkennen, nahm Alex an der Hand und lief zum Wagen. Ein Lächeln im Gesicht und eine Entschuldigung rufend kam ich dort an. Diese Frau war so böse auf mich, dass sie vor Wut zitterte. Sie schrie mich an, dass es ja eh immer das Gleiche wäre mit den gedankenlosen Müttern von gesunden Kindern und dass ich ja keine Ahnung hätte, wie beschwerlich das alles sei. Sie ließ mich überhaupt nicht zu Wort kommen und schrie noch weiter, als ich bereits ausgeparkt hatte.

Am liebsten hätte ich zurückgebrüllt, dass sie ihr Kind wenigstens noch hätte und da sein könnte für ihren Schatz, mir aber bliebe nur mehr der Friedhof zum Pflegen des Kindergrabes! Gott sei Dank habe ich mich beherrscht.

Eine Lehrerin erzählte mir, dass es immer wieder zu Auseinandersetzungen käme, weil einige Mütter von schwerstbehinderten Kindern sehr reizbar wären und häufig auf die Mütter der gesunden Kinder hinhackten. Im Grunde hat diese Mutter nur ihre Wut über ihr Schicksal an mir ausgelassen und ich hätte fast mit gleicher Münze zurückgezahlt, nämlich ihr die Wut über mein Schicksal an den Kopf geworfen! Was aber hätte das gebracht? Aussöhnung ist die Devise. Es ist meine Auffassung vom Leben, das Aussöhnen mit dem Schicksal.

Es gibt ein chinesisches Märchen, das geht etwa so:

Zehn Bauern beklagen sich bei Gott über ihr Schicksal. Der eine jammert, dass er seit drei Jahren eine schlechte Ernte hätte, und das wolle er nicht mehr hinnehmen. Der nächste meint, er sei ungerecht behandelt worden vom Schicksal, weil ihm bereits die dritte Frau gestorben sei. Der nächste meint, er wüsste nicht, was er mit Grund, Boden und Geld anfangen sollte, da ihm Gott keine Kinder geschenkt hätte und er somit sein Leben als sinnlos betrachte. Weitere sieben Bauern kommen, um sich zu beschweren – und da reicht es Gott. So viel Unzufriedenheit kann er nicht hinnehmen.

Deshalb bittet er die zehn, jeder solle nach Hause gehen, sein persönliches Schicksal in einen großen Sack tun und diesen fest verschließen. Am nächsten Morgen sollten alle zehn die Säcke zum Tempel bringen und ein jeder dürfe sich das Schicksal eines anderen aussuchen. Die Bauern jubeln und rennen nach Hause. Am nächsten Morgen schleppt jeder einen riesigen Sack zum Tempel, stürzt sich dort auf einen andern Sack und trägt somit sein neues Schicksal heim.

Um es kurz zu machen: Nach einem Jahr erflehen sie nochmals die Hilfe Gottes, denn alle zehn sind so unzufrieden mit ihrem neuen Leben, dass sie es nicht mehr aushalten und voller Freude über Gottes Einsehen alles wieder in die Säcke packen und es gegen ihr altes Schicksal eintauschen. Dieses erscheint ihnen nun gar nicht mehr so schlimm und sie meistern ihr vorbestimmtes Schicksal ohne zu murren.

Verstehst du, Lisa, was ich damit sagen will? Jeder auf dieser Erde hat sein Leben und das ist genauso individuell, wie er oder sie selbst. Ob es der Leprakranke in Indien ist oder der Sultan von Brunei. Jeder hat sein Schicksal mit auf den Weg bekommen, keiner kann es umtauschen, jeder muss es so nehmen, wie es ist. Die Wahl lässt uns Gott nur dabei, wie wir damit umgehen.

Ich habe alles getan, was eine Mutter nur tun kann, um dich gesund zu machen, ich habe gekämpft um dich wie eine Löwin und doch bist du von uns gegangen. Weil es so bestimmt war.

Keiner hat Schuld, es ist einfach Teil meines Lebens, mein geliebtes Kind zu verlieren. WARUM?

Weil es mein Schicksal ist.

So wie es ist, ist es. – Annehmen ohne Bewertung, damit musste ich lernen umzugehen. Und ich muss es immer neu lernen, man hört nie auf zu lernen, es ist ein nahezu endloser Weg.

Natürlich wäre es ganz falsch, einem Ertrinkenden tatenlos zuzusehen ohne zu helfen und sich vielleicht zu denken: „Na, es ist halt sein Schicksal zu ertrinken." So meine ich es nicht! Sicherlich würde ich helfen und alles versuchen, um ihn zu retten. Aber ich denke es gibt keine Zufälle, ich glaube an die Bestimmung. Und wenn ich zu einem Ertrinkenden käme, dann wäre ich nicht zufällig hier, sondern dann hätte uns unser beider Schicksal zusammengeführt und es ist meine Aufgabe zu helfen.

Und du bist nicht zufällig mein Kind, du hättest niemals das Kind einer Freundin sein können, denn es war uns beiden bestimmt, einen kurzen Weg miteinander zu gehen und uns dann wieder voneinander zu lösen.

Es hat so sein sollen und heute, zehn Jahre nach deiner Geburt, bin ich ehrlich und unendlich dankbar, dass es dich gibt. Ich bin davon überzeugt, dass du noch immer du bist, aber deinen Körper, den brauchtest du nur neun Monate lang. Das war dein Schicksal und ich durfte dich begleiten.

Trotz aller Aufregungen um deine Gesundheit und aller Leiden wegen deines Todes habe ich die Zeit mit dir genossen und sie hat mich geprägt, so wie du mich über deinen Tod hinaus geprägt hast.

Es klingt vielleicht eigenartig, aber ich habe durch deinen Tod mehr über das Leben gelernt. Wie heißt es doch: „Gottes Wege sind unergründlich."

Ich brauchte Jahre, um zu dieser Einstellung zu gelangen. Jahre der Ängste, immer wiederkehrende Momente der tiefsten Verzweiflung, Jahre mit Wut und Hilflosigkeit.

Aber vielleicht ist es wie bei der Besteigung eines Achttausenders. Man kann nicht einfach hinaufrennen und rufen: „Ich hab's geschafft." Man beginnt langsam und man muss die richtige Jahreszeit erwarten können. Spielt dann trotzdem das Wetter verrückt, muss man warten oder ins Basislager zurückkehren; man braucht Hilfe, man kann nicht alles alleine schleppen.

Für mich war es ein langer, schwerer Weg, der – je mehr ich trainiert bin – immer leichter wird, der aber nie aufhört, denn du bist kein Berg, du bist ein Teil meines Schicksals.

Heute bin ich wieder ein lebensfroher Mensch, ich lache viel und möchte auch nicht mehr sterben, wenn deine Geschwister groß sind. Ich möchte lange leben und sehen, was mein Schicksal noch alles für mich bereit hält. Gleichzeitig hoffe ich, dass alle Menschen, die ich liebe, gesund bleiben und steinalt werden, ich wünsche mir nur Gutes, möchte dem Schlechten aus dem Weg gehen und weiß doch:
Das Leben ist Rhythmus, ein Auf und Ab – wie die Gezeiten.

Ich räume auch deinen Geschwistern nicht jeden Stein aus dem Weg, wie sollten sie sonst fürs Leben lernen? Manchmal kann das Leben hart sein. Zwar bin ich immer für sie da und helfe, aber leben müssen sie selbst.

Noch immer habe ich riesige Angst, dass den beiden etwas passieren könnte, wenn ich nicht dabei bin. Wie wird es werden, wenn die zwei Auto fahren und spät nach Hause kommen? Ich möchte sie beschützen, immer meine Hand über sie halten, denn ich weiß, dass tragische Unglücksfälle nicht nur den anderen passieren. Ich weiß, wie es ist, ein geliebtes Kind zu verlieren.

Aber ich weiß auch, dass ich für dich immer da war, keine Sekunde warst du allein – und trotzdem ist es dir gelungen zu gehen, trotzdem ist es dir gelungen, dein Schicksal zu erfüllen.

Das sage ich mir immer, wenn ich wieder mal Alexander und Nina übervorsichtig hüten möchte. Man braucht das Schicksal nicht herauszufordern, wir müssen sorgsam umgehen mit dem Leben, aber wenn wir das tun und trotzdem trifft uns ein Schicksalsschlag, dann war es so bestimmt.

Ich küsse dich in Gedanken, mein kleiner Sonnenschein!

    Deine Mama

Der letzte Brief ...

Diese Briefe sind in Venezuela entstanden, wo ich die letzten vier Jahre mit deinem Papa und deinen Geschwistern gelebt habe. Wieder einmal mussten wir alles zusammenpacken und die bisher längste Zeit aus beruflichen Gründen im Ausland leben.

Es war für uns alle eine erfahrungsreiche Zeit, die mir, als der am wenigsten Flexiblen, am schwersten fiel. Da war zum einen die Trennung von deinem Grab, mit der ich anfangs schwer zu kämpfen hatte. Es kam mir nicht richtig vor, dich zurückzulassen. Wenn ich Tage hatte, wo ich um dich weinen wollte, dann blieben mir nur deine Fotos, ich konnte nicht gehen und dein Grab schmücken, um so dem „Weintag" einen Schlusspunkt zu geben. Das kann wahrscheinlich nur verstehen, wer selbst einen lieben Menschen am Friedhof hat.

Kurz vor unserer Abreise aus Österreich sind deine Urgroßeltern verstorben, an denen ich so sehr hing, und mein Leben hatte sich wieder verändert.

Das fremde Land, die fremde Sprache, die die Kinder und ich erst erlernen mussten. Das völlige Fehlen von Freunden, ich kannte hier ja keinen Menschen – all das machte mich sehr einsam und es gab Zeiten, wo ich dringend Freunde gebraucht hätte. Aber es gab nur Bekanntschaften, die zwar mit der Zeit etwas intensiver wurden, aber meine Seelenfreunde, die sind in meiner Heimat.

Viel Zeit hatte ich, über unser Leben nachzudenken. Und eines Tages wusste ich, ich muss meine Empfindungen ordnen, ich will ihnen eine Form geben. Und so begann ich Briefe an dich zu schreiben.

Alles wurde wieder so deutlich, nochmals zog mich das Aufschreiben in die Tiefe. Es war schwerer, als ich gedacht hatte, es hat mich zeitweise sehr angestrengt. Und manchmal dachte ich, du säßest neben mir beim Schreiben.

Es scheint, als wäre die Einsamkeit dazu da gewesen, mich nochmals mit deinem und meinem Schicksal intensiv auseinander zu setzen.

Ich widme diese Briefe, die an dich gerichtet sind, in erster Linie meiner Familie, deinem Vater, der mir trotz aller Schwierigkeiten immer der beste Ehemann war, deinen Geschwistern, die die herzlichsten, gefühlvollsten und wunderbarsten Kinder sind, meiner Mutter, die immer für mich da war, und nicht zuletzt meinen Freunden, die wahre Freunde sind.

Und dann hoffe ich, dass diese Briefe anderen traurigen Eltern helfen können, mit dem Tod eines geliebten Kindes fertig zu werden; dann hätten die Briefe ihren Zweck und ihren Sinn mehr als erfüllt.

Liebe Lisa!

Ich werde dich immer lieben, du wirst immer ein Teil von uns sein und du wirst in unseren Herzen weiterleben.

    Deine Mama
    und deine ganze Familie

Monika Kornfehl

Du wirst froh sein, mich gekannt zu haben …

Der Tod hat unterschiedliche Gesichter. Wenn ein alter Mensch stirbt, der seinen Lebenskreislauf ganz durchlaufen hat, kann man ihn meistens gut gehen lassen. In verschiedenen Lebenssituationen und Lebensphasen hat es immer wieder Abschiede gegeben, bis man sich in kleinen Schritten – vielleicht unter Tränen, vielleicht ganz ruhig – auf den letzten Abschied vorbereitet. Nach dem Tod sprechen wir noch eine Zeit lang mit verschiedenen Menschen, die den Toten gekannt haben, über Gutes, bisweilen auch über Belastendes, so lange, bis sich das Leben wieder normalisiert.

Ganz anders ist es, wenn ein Baby stirbt.

Nichts ist gut und es scheint, als ob fast nichts bleibt. Keine Erinnerung an ein gemeinsam gelebtes Leben, kaum eine Erinnerung, die wir mit einem anderen Menschen teilen können. Möglicherweise gibt es nur wenige Menschen, die das Baby gekannt haben – die Mutter, der Vater, Geschwister, die Großeltern –, und je nach Lebensdauer des Kindes können diese Personen manchmal nur auf geringe Erfahrungen mit ihm zurückblicken.

Der Tod eines Kindes trifft uns fast immer unvorbereitet. Er scheint nicht in die Ordnung dieser Welt hineinzupassen: Wir erwarten, dass Kinder ihre Eltern überleben. Mit einem Kind stirbt fast immer ein Teil unserer Hoffnungen, Träume und Vorstellungen für unser weiteres Leben. Mit einem Kind stirbt ein Teil von uns.

Es spielt dabei meist eine untergeordnete Rolle, in welchem Stadium seines Werdens sich dieser kleine Mensch befunden hat. Außenstehende können sich schwerlich vorstellen, dass auch eine Fehlgeburt im Frühstadium von einer Mutter bereits als großer Verlust erlebt werden kann. Doch die Bindung an ein Kind beginnt schon lange, bevor seine Existenz konkret nachweisbar ist. Findet eine Fehlgeburt statt, noch bevor die Schwangerschaft sichtbar ist, erfährt die Umwelt selten etwas davon und kann diesen Tod auch nicht würdigen. Für die Mutter, auch für den Vater, kann eine Welt zusammenbrechen. Ein Traum, eine Hoffnung hat sich nicht erfüllt.

Wenn ein Kind (über 500 Gramm) schon im Leib der Mutter oder während der Geburt stirbt, spricht man von einer Totgeburt. Während in früheren Zeiten solche Kinder nicht in das Geburtenregister eingetragen wurden und die Eltern nur eine Todesbescheinigung ohne Namensangabe erhielten, hat sich hier in den letzten Jahren einiges geändert. Die Eltern werden eingeladen, ihr totes Kind in die Arme zu nehmen, ihm einen Namen zu geben, es zu liebkosen, sich zu verabschieden und schließlich einen Ort zu bestimmen, an dem sie ihre Trauer leben können. Auf diese Weise lässt sich leichter die Realität des Geschehens begreifen.

In unseren westlichen Kulturen tun wir uns schwer genug, einer Frau zu begegnen, die ein Kind verloren hat. Aber wie viel schwerer haben wir es, einem trauernden Vater gegenüber angemessen zu reagieren. Selbst nach einer glücklichen Geburt sind wir eher geneigt, nach dem Wohlergehen von Mutter und Kind zu fragen, als auch den Vater einzubeziehen. So hält nicht selten ein Mann beim Tod seines Kindes – als Zeichen seiner Stärke – seine eigene Traurigkeit zurück, um seine Frau nicht auch noch mit seinem Schmerz zu belasten. Dies wird jedoch von nicht wenigen Frauen eher als Gleichgültigkeit gesehen denn als Hilfe.

So wie in vielen Bereichen des täglichen Lebens können Frauen und Männer auch bei Verlusterlebnissen Schmerz und Trauer sehr unterschiedlich erleben, gehen aber trotzdem davon aus, ihre Form der Trauer und Verarbeitung sei die richtige. Über den Tod eines Kindes weinen und klagen zu dürfen und sich die Erlaubnis dazu zu geben darüber zu reden, kann eine immense Erleichterung in der Bewältigung von Trauer sein. Freundinnen, Schwestern, Nachbarinnen bedeuten dabei eine große Hilfe.

Männer in unseren Kulturen haben oft weniger Quellen, aus denen sie Kraft schöpfen können, um ihre Trauer zu bewältigen. Sie bilden selten intime Freundschaften, in denen sie ihr Herz ausschütten und Zuwendung bekommen können. Das Risiko, dass eine verdeckte Trauer über den Verlust eines Kindes erst nach Jahren aufbrechen kann, ist daher bei Männern größer als bei Frauen. Trauert hingegen ein Mann offen, stößt er nicht selten in der Arbeitswelt auf Unverständnis.

Manche Väter beneiden ihre Frauen darum, dass sie die Zeit der Schwangerschaft intensiver erleben durften, und finden, dass sie selbst schlimmer dran sind. Männer können zwar ihr Baby mit einiger Fantasie per Ultraschall betrachten und sein Herz schlagen sehen und hören, doch sie sind nicht körperlich mit ihm verbunden wie die Mutter. Oft lässt Vätern die berufliche Arbeit wenig Raum, sich mit dem werdenden Kind gedanklich zu befassen. Sie verschieben daher eine Bindungsaufnahme auf die Zeit nach der Geburt.

Stirbt jedoch ein Baby vor, während oder bald nach der Geburt, fühlen sich nicht wenige Männer um wichtige Lebenserfahrungen betrogen, die nicht mehr aufzuholen sind. Vielleicht ist ein totes Kind auch deshalb einem Mann nicht so nah wie der Frau, die das Kind in sich getragen hat.

Arbeit und Handlung können natürlich der Bewältigung der Trauer dienen. Sich auf Dauer nur gehen zu lassen und keine Aktivitäten mehr zu setzen führt zumindest zeitweise zur Depression. Aber immer müssen Arbeit und Handlung bewusst mit dem Schmerz verbunden sein.

Die Tiefe der Trauer mag sich von Mensch zu Mensch und zwischen Frauen und Männern unterscheiden, Trauer ist jedoch immer da. Denn Trauer ist das ganz natürliche Gefühl, das wir empfinden, wenn wir etwas, das uns lieb war und zu dem wir eine Beziehung aufbauten, verlieren. Die verschiedenen Arten von Trauer kommen immer aus derselben „Quelle", aus unserem innersten Sein. Immer ist Trauer eine ganz starke Energie mit der Kraft, uns zu heilen oder zu zerstören. Und selbst wenn wir sie mit aller Macht verhindern wollen, sie findet immer einen Ausdruck.

Durch den Tod eines Kindes werden wir von einer Minute auf die andere in die Trauer hineinkatapultiert oder erleben einen Schockzustand, in dem wir zu keinerlei Empfindungen fähig sind. Wir tauchen in unbekanntes Land ein und die Reise durch dieses Land kann lang werden.

Die meisten Eltern, die ein Kind verloren haben, staunen über die Tiefe und Länge ihrer Trauer. Obwohl die Wahrnehmung und der Trauerweg jedes Menschen einzigartig ist, gibt es doch bei aller Verschiedenheit auch Gemeinsamkeiten, ähnlich ablaufende Prozesse.

Die Nachricht vom Tod, der lebensbedrohenden Situation oder einer schweren Behinderung eines Kindes bewirkt zuallererst einen schweren Schock und anschließend eine gefühlsmäßige Betäubung. Wir kommen uns vor wie in einem bösen Traum und hoffen, daraus zu erwachen.

Es gibt Menschen, die sich in ihr Schneckenhaus zurückziehen, andere wiederum reagieren mit unkontrollierbaren Gefühlsausbrüchen. Verzweifelt ringen alle darum, das Geschehene, das Unbegreifliche zu begreifen.

Der Verlust eines Kindes bringt eine Probe für die Paarbeziehung mit sich. In manchen Fällen können Partnerschaften in eine tiefe Krise geraten, in anderen Fällen können sich Beziehungen vertiefen. Schweres – gemeinsam erlebt und durchgetragen – kann durchaus eine Ehe stabilisieren, andererseits ist die Scheidungsrate bei Paaren, die ein kleines Kind verloren haben, ziemlich hoch.

So wie Menschen verschieden sind, kann in einem Fall eine Mutter ihrem Partner übel nehmen, dass sie ihn nie weinen sieht, aber genauso kann in einem anderen Fall dem stärker Trauernden die Gewissheit hilfreich sein, dass wenigstens einer von ihnen „funktioniert".

Die Nähe eines Paares zueinander kann unter dem Verlust eines Kindes leiden; es mag sein, dass auch die zärtlichen Gefühle – besonders bei Frauen – für eine Zeit zum Erliegen kommen. Manche Frauen, aber auch Männer, entwickeln zunächst eine Abneigung gegenüber Sexualität, durch die scheinbar ihr Leid seinen Anfang genommen hat. Ängste vor einer neuen Schwangerschaft können entstehen.

Es mag aber auch sein, dass ein beglückendes sexuelles Beisammensein dem Paar das Gefühl gibt, wieder am Lebensfluss angeschlossen zu sein, und Spannungen löst. Vorübergehende sexuelle Störungen bei Mann und Frau sind normal. Wunsch oder Ablehnung können Spiegelbild dafür sein, wie weit der Heilungsprozess der Trauer vorangeschritten ist. Sexualität und Nähe sind biologische Grundbedürfnisse, die in Balance sein sollten.

Jede Form der gelebten Trauer wird irgendwann zum heilsamen Prozess – ungelebte Trauer kann krank machen und zerstörend wirken. Der hohe Preis, den wir für ungelebte Trauer bezahlen, kann von tiefster Depression bis zu schwerer Krankheit reichen. Es genügt aber auch, wenn wir für ganz lange Zeit die Freude am Leben verlieren.

Der plötzliche Verlust eines Kindes braucht Zeit.

Zeit zum Begreifen, Zeit für die Trauer, Zeit zum Ja-Sagen und Zeit zum Loslassen. Trauernde Mütter und Väter sollten sich die Erlaubnis geben, ihren Wünschen und Bedürfnissen nachzuspüren. In jedem von uns ist eine innere Stimme und Führung, die weiß, was für uns gut ist. Wenn wir diese innere Stimme in Zeiten der Betäubung nicht hören können, braucht es Hilfestellung von außen. Nur in wenigen Fällen sind der Partner bzw. die Partnerin oder Familienangehörige für längere Dauer die richtigen Ansprechpartner. Menschen aus unserem Umfeld, die in das Trauererlebnis einbezogen sind, erleben ihre eigene Trauer und sind darin gefangen. Sie können uns nicht auffangen.

In solchen Fällen ist es ratsam und klug, sich Hilfe von außen zu erlauben. Niemand muss jedes Problem selber lösen können. Ein Mensch mit besonderer Zuhörfähigkeit, aber auch Gesprächsbereitschaft, ausgebildet und mit Erfahrung, aber auch der nötigen Distanz scheint hier für die Begleitung eher geeignet als unmittelbar Betroffene.

Aus mehreren Gründen wurde für Oberösterreich eine Beratungsstelle rund um Schwangerschaft und Geburt ins Leben gerufen. ZOE (griech. Leben) ist eine psychosoziale Beratungsstelle mitten in Linz[1]. Sie hat Modellcharakter entwickelt, vor allem bei Unsicherheiten und Ängsten nach vorgeburtlicher Diagnose. Fast jede schwangere Frau wird heute mit den Möglichkeiten vorgeburtlicher Untersuchungen konfrontiert. Mit den Befunden werden die Betroffenen aus Zeitmangel weitgehend aber allein gelassen.

Die BeraterInnen von ZOE nehmen sich Zeit für Gespräche und Begleitung in allen Entscheidungsfragen, mit denen schwangere Frauen und Paare konfrontiert sind. Sie gehen mit den Frauen und ihren Partnern den Weg, der not-wendend ist, um mit Lebenseinbrüchen fertig zu werden. ZOE bietet aber auch allen Frauen und ihren Partnern bei Verlusterlebnissen, dem Tod eines Kindes Einzelgespräche und Begleitung in laufenden Trauergruppen an.

---

[1] Information erhalten sie bei: ZOE – A-4020 Linz, Bürgerstraße 1 – Telefon und Fax 07 32 / 77 83 00 – Internet: www.zoe.at

Wir Menschen tragen in uns die Fähigkeit, nach einer Zeit intensiven Trauerns und Verarbeitens des Geschehenen wieder zu heilen und uns dem Leben neu und anders zuzuwenden. Aber bis dahin zu kommen kann körperlich und seelisch an Grenzerfahrungen heranreichen.

Erst die zweite Hälfte des ersten Jahres nach dem Tod eines Kleinkindes ist für viele Eltern die „Mitte der Nacht, bevor der neue Tag beginnt". Viele haben die Wirklichkeit eines solchen Verlustes erstmalig auf einer tieferen Ebene begriffen. Wir haben unsere Gefühle in einer Intensität erlebt wie vielleicht niemals im Leben zuvor. Wir beginnen, uns langsam an ein Leben ohne dieses Kind anzupassen.

Früher oder später gelingt es den meisten, dem toten Baby einen Platz im Leben und im Herzen zu bewahren und es trotzdem loszulassen. Erst wenn das geschehen ist, wird die Liebe zu diesem Kind Nährboden dafür sein, dass wir uns neuen Bindungen und neuen Lebensinhalten zuwenden können.

Es ist einleuchtend, dass dieser Prozess, wenn wir uns wirklich darauf einlassen, nicht von heute auf morgen geschieht. Mindestens auf die Dauer eines Jahres sollen wir uns einstellen. Am ersten Todestag des Kindes intensiviert sich noch einmal der Schmerz um das Verlorene.

Für manche ist aber dies dann der Wendepunkt: Es beginnt ihnen deutlich besser zu gehen.

Unsere Gedanken sind die Grundsteine für unsere Realität und beeinflussen weitgehend unsere Gefühle und unser Handeln. Wenn wir der Meinung sind, dass das Leiden gleichwertig mit der Freude zu unserem Leben gehört und dass wir gerade an einer schweren Erfahrung auch wachsen können, dann stimmen für uns die Worte des „Kleinen Prinzen" von Antoine de Saint-Exupéry:

> *Wenn du bei Nacht den Himmel anschaust, wird es dir sein, als lachten alle Sterne, weil ich auf einem von ihnen wohne, weil ich auf einem von ihnen lache. ...*
> *Und wenn du dich getröstet hast ..., wirst du froh sein, mich gekannt zu haben.*

Andrea Kaltenböck (geboren 1962) unterrichtete als Sportlehrerin und ist jetzt in erster Linie Mutter und Hausfrau. Der Beruf ihres Mannes bedingte längere Auslandsaufenthalte im Nahen Osten und in Südamerika. Neben ihren sportlichen Hobbys (Laufen, Schifahren, Tanzen) interessiert sie sich für Literatur und die Natur.
Ein wichtiges Anliegen sind ihr Frauenfragen und Familienthemen.
Mit ihrer Familie lebt Andrea Kaltenböck jetzt wieder in der Nähe von Linz.

Monika Kornfehl: Diplomierte Ehe- und Familienberaterin, Psychotherapeutin und Supervisorin; seit 30 Jahren in der Erwachsenenbildung der Diözese Linz tätig. Gründungsmitglied der Schwangerenberatung „Zoe" (Linz). Verheiratet, drei erwachsene Kinder, ein Enkelkind.

Sie möchten Andrea Kaltenböck oder Monika Kornfehl zu einer Veranstaltung, einem Gedankenaustausch in Ihre (Frauen-)Gruppe einladen?
Bitte kontaktieren Sie den *fram* Verlag:
Tel. 0732 / 71 52 26, Fax 0732 / 71 52 26-4,
E-Mail: a.jungreithmayr@fram-verlag.at

Bücher aus dem *fram* Verlag

(zu beziehen über Ihre Buchhandlung
oder direkt beim Verlag)

- *Mit Frauen im Gespräch / Frauen erzählen aus ihrem Leben*
  Doris Schulz und Christiane Sauer: **Familien-Frauen.** Lebens-Situationen. Als Frau und Mutter braucht man viel Selbstbewusstsein, denn ... ISBN 3-901957-07-3
  Doris Schulz: **Medien-Frauen.** Lebens-Situationen. Frauen sehen, hören und berichten anders, denn ... ISBN 3-901957-10-3
  Caroline Kleibel: **Bühnen-Frauen.** Lebens-Situationen. Frauen spielen viele verschiedene Rollen – nicht nur auf der Bühne, denn ... ISBN 3-901957-13-8

- *Kurzgeschichten / Erzählungen / Romane*
  Von Autos, Männern und anderen Frauenthemen. Heiteres und Satirisches für zwischendurch. ISBN 3-901957-11-1
  Selma Ram: **Fensterplatz in Fahrtrichtung.** Ein Trost- und Aufbaubuch für Eltern, Schülerinnen und Schüler. ISBN 3-901957-02-2
  Elisabeth Escher: **Bienengift.** Roman. ISBN 3-901957-03-0

- *Lyrik*
  Ulli Castañeda: **Sehn-Süchtig.** Lyrische Texte – über die Seele gestreut. ISBN 3-901957-01-4
  Elisabeth Escher: **Herz im Mond.** Gedichte. ISBN 3-901957-14-6
  Linda Haimann: **hab so lang mir erträumt den himmel in dir.** eine entwicklung, mitgeschrieben in gedichten. ISBN 3-901957-09-X
  Edith Knotz-Gutmann: **Sehnsucht aus der Dunkelheit.** Lyrische Texte. ISBN 3-901957-08-1
  Barbara Krenn-Tummer/Elfriede Neugschwandtner/Anna Jungreithmayr: **Ansichten des Lebens.** ISBN 3-901957-00-6
  Claudia Ulamec: **Gedankenwelt der Gefühle.** Gedichte. ISBN 3-901957-06-5

Sie möchten mehr über unsere Bücher erfahren?
Wir informieren Sie gerne. Bitte geben Sie uns Ihre Adresse bekannt, und zwar
per **Post**: *fram* Verlag, Schmiedegasse 20/19, A-4040 Linz,
per **Telefon**: 07 32/71 52 26,
per **Fax**: 07 32/71 52 26-4 oder
per **E-Mail**: a.jungreithmayr@fram-verlag.at
Informieren Sie sich auch auf unserer **Website**: www.fram-verlag.at